다중메뉴모델

-차별화된 교육과정 개발을 위한 실제적인 지침-

The Multiple Menu Model:

A Practical Guide For Developing Differentiated Curriculum

Joseph S. Renzulli · Jann H. Leppien · Thomas S. Hays 지음

이미순 옮김

박학사

The Multiple Menu Model:

A Practical Guide For Developing Differentiated Curriculum

by Joseph S. Renzulli, Jann H. Leppien, Thomas S. Hays

Translated and Adapted for use by Korean Educators by Mi-Soon Lee

Printed in Korea

ISBN 978-89-91633-36-0

학문 종류

왼쪽에 있는 학문의 정의를 오른쪽에서 찾아보세요.

1.	(Aerology)	a.	나쁜 영혼
2.	(Anthropology)	b.	지구 표면 변화
3.	(Araenology)	c.	노화
4.	(Archaeology)	d.	문화를 설명
5.	(Astronomy)	e.	움직이는 영상
6.	(Audiology)	f.	전염병
7.	(Cardiology)	g.	기상과 기후
8.	(Cartography)	h.	필체
9.	(Cetology)	i.	단어의 기원
10.	(Choreography)	j.	새
11.	(Chronology)	k.	시간 계열
12.	(Cinematography)	l.	무용
13.	(Cryptology)	m.	인구, 크기, 밀도와 분포
14.	(Crystallography)	n.	존재
15.	(Cytology)	o.	고래
16.	(Demography)	p.	빛으로 만들어진 이미지
17.	(Demonology)	q.	살아있는 세포조직
18.	(Dermatology)	r.	광물
19.	(Ecology)	s.	청각
20.	(Entomology)	t.	뼈
21.	(Epidemiology)	u.	귀
22.	(Epistemology)	v.	피부
23.	(Ethnography)	w.	지식
24.	(Etymology)	x.	비행과 관련된 대기
25.	(Gemology)	y.	물건 및 유물을 통해 과거연구
26.	(Genealogy)	z.	고대 문자
27.	(Geography)	aa.	크리스탈 분류
28.	(Geology)	bb.	화석
29.	(Gerontology)	cc.	물고기
30.	(Graphology)	dd.	지구 분화
31.	(Herpetology)	ee.	해독 코드
32.	(Histology)	ff.	평면표면 인쇄
33.	(Holography)	gg.	거미
34.	(Hydrology)	hh.	병균
35.	(Ichthyology)	ii.	곤충
36.	(Laryngology)	jj.	조상
37.	(Lithography)	kk.	감옥과 벌칙
38.	(Meteorology)	ll.	세포
39.	(Myrmecology)	mm.	이미지를 만드는 레이저 빛
40.	(Oceanography)	nn.	개미
41.	(Ontology)	oo.	인류
42.	(Ornithology)	pp.	별
43.	(Osteology)	qq.	유기체와 그들의 환경
44.	(Otology)	rr.	파충류
45.	(Paleography)	ss.	정신, 감정 및 행동
46.	(Paleontology)	tt.	해양환경
47.	(Penology)	uu.	심장
48.	(Petrology)	vv.	기관지
49.	(Photography)	ww.	물
50.	(Psychology)	xx.	지도

해답은 [도표 5.2]에 있음.

친구이자 멘토인, Virgil Scott Ward의 지혜와
통찰을 본서의 여러 면에서 반영하였다. 더 큰
지식 세계에 대한 그의 공헌으로 수많은 사람의
창의적인 생산성을 고무할 수 있었다.

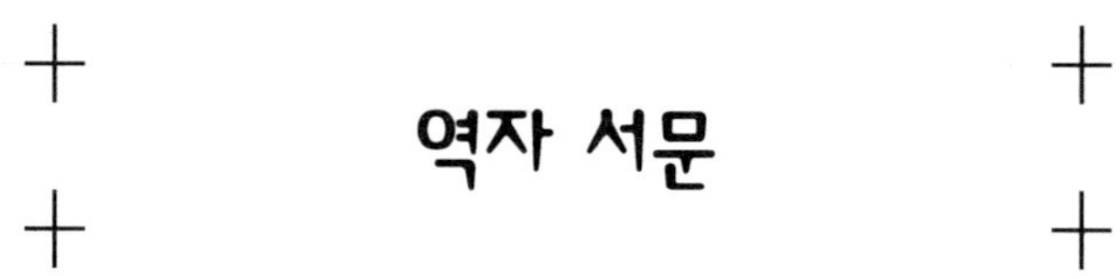

역자 서문

1970년 초에 시행한 중학교 무시험진학과 고교평준화 제도에 따른 평등성 교육의 여파로 우수 인재양성에 소홀하다는 사회적 비판을 받게 되면서, 수월성 교육에 대한 관심이 증대되고 국가적으로 교육경쟁력을 강화하기 위해 영재교육 및 일반 학교에서의 수월성 교육을 제고하는 교육프로그램의 운영 필요성을 제기하게 되었다. 이에 교육인적자원부는(2004) "창의적 인재 양성을 위한 수월성 교육 종합대책"을 발표하였고, 2010년까지 전체 초중고생의 5%인 40만 명에 이르는 학생에게 수월성 교육을 추진할 예정임을 보고한 바 있다. 이에 우리나라도 사회 및 교육적으로 영재교육 관련 정책을 수립하고, 적극적으로 이를 추진하는 한편, 영재교육 이론과 실제에 관한 이해를 도모함으로써, 그간 영재교육이 소수의 학생만을 위한 "엘리트주의(Elitism)"라는 비난에서 벗어나 사회와 국가 발전에 이바지하는 "사회적 자본(Social Capital)"을 개발한다는 시각을 전개할 시점에 이르게 되었다.

이 책은 Renzulli, Leppien과 Hays(2000)의 『The Multiple Menu Model: A Practical Guide for Developing Differentiated Curriculum』을 번역한 것이다. 특히, Renzulli 박사는 미국 코네티컷 대학의 교육심리

학과 교수였으며, 미국국립영재연구소의 소장으로 영재교육에 대한 많은 독창적인 이론을 제시하였다. 그 중 영재성의 세 고리 개념, 영재 판별모형 및 삼부심화학습 등은 우리나라에 소개된 이 후 많은 영재 교수-학습 프로그램의 이론적 토대를 제시하고 있다.

기존 영재교육에 관한 책들과 비교할 때, 이 책은 학교 현장에서 실제적으로 적용할 수 있는 지침과 방향을 구체적이며 융통적으로 소개한다. 이는 Renzulli 박사 및 그의 동료들이 오랫동안 이론과 실제를 학교 현장에 도입하고 적용하는 연구를 하였기 때문이다. 그러나 이 책에서 제시한 지침 및 방향을 그대로 우리나라 여건에 적용할 수 없으므로, 우리나라 실정에 맞는 영재교육 이론과 실제를 정착시키기 위한 영재교육 실무자, 즉 행정가, 교사 및 부모들의 노력과 열정을 기대한다.

이 책에서 소개하는 다중메뉴모델(Multiple Menu Model, MMM)은 구성주의 이론에 기초한 여섯 개 메뉴를 통해서 학과목 내용은 물론 그 방법론에 대한 심층적인 이해를 도모하는 교육과정 개발지침이다. 여섯 개 메뉴 중, 지식메뉴(Knowledge Menu)는 특정 영역에서 가르칠 지식에 대한 타당한 계열성을 제시해 주며, 그 특정 분야에서 전문가처럼 활동할 수 있도록 방법론을 탐색한다. 교수목적과 학생활동메뉴(Instructional Objectives and Student Activities Menu)는 교사들로 하여금 교육과정에서 기술한 바대로 내용과 방법 사이에 균형을 이루는 방안을 제시한다. 교수책략메뉴(Instructional Strategies Menu)는 레슨과 단원을 지도할 때 교사들이 적용할 수 있는 다양한 교수책략을 다룬다. 교수계열메뉴(Instructional Sequences Menu)를 통해서 교사들은 레슨과 단원을 조직하고 계열화하고, 그 효과와 결과를 극대화한다. 예술적 수정메뉴(Artistic Modification Menu)에서 교사들은 단원 및 레슨에 관련 있는 교사 개인의 이야기, 수집한 이야기, 취미 등의 경험과 느낌을 학생과 공유한다. 마지막으로, 교수 산출물 메뉴(Instructional Products Menu)에서 학생들은 학습한 경험의 결과를 제시한다.

코네티컷 대학에서 공부하는 중에 우리나라 영재교육에서 제일 필요한 사항이 무엇인지 고심하게 되었고, 교육 현장에서 영재를 지도하는 교사를 위한 자료가 부족하다는 현실을 접하게 되었다. 이상의 역자의 고심에 대해 Renzulli 박사는 흔쾌히 우리나라의 영재교육을 담당하는 교사를 위해 여러 권의 책을 우리나라 실정에 맞게 번역하고 수정할 수 있도록 배려해 주셨다. 이 자리를 빌어 Renzulli 박사의 지원과 격려에 감사드리고 싶다. 또한 실제 다중메뉴모델을 적용하여 교육활동안을 구성해 주신 건국대학교 강원정 선생님과 유선영 선생님, 원고를 교정해 주신 고려대학교 김효정 선생님, 이 책의 출판을 허락해 준 도서출판 박학사 사장님과 편집부에 진심어린 감사를 드리면서, 책에 어린 정성과 노력만큼 우리나라의 영재교육이 발전하길 기원한다.

2007년 5월

이미순

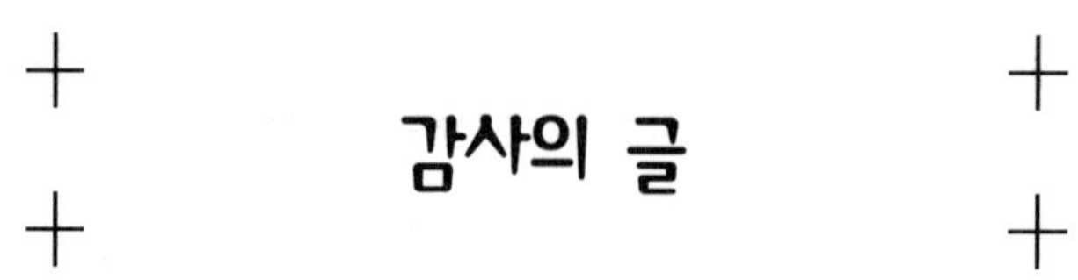

감사의 글

많은 사람들의 도움으로 본 저서 『다중메뉴모델: 차별화된 교육과정 개발을 위한 실제적인 지침(*The Multiple Menu Model: A Practical Guide for Developing Differentiated Curriculum*)』을 완성할 수 있었다. 코네티컷 대학에서 여름 석사과정을 수강하고 있는 현 교사들에게 깊이 감사한다. 특히, 고고학 단원의 예를 통해, 어떻게 다중메뉴모델(Multiple Menu Model)을 사용하는지 보여준 가일 패티슨(Gail Pattison)에게 감사한다. 본 저서의 장마다 실린 내용들은 현장에서 검증된 것이며, 여러 제안점들과 아이디어를 수록하였다. 교사들이 교육과정을 개발할 때, 다중메뉴모델을 사용하길 바란다.

처음부터 다중메뉴모델에 대한 조언을 준 Sally Reis, Karen Westberg, E. Jean Gubbins, Marcia Imbeau, Deborah Burns, Sally Dobyns와 Jeanne Purcell에게 감사한다. 이들은 교육과정 디자인에 대한 아이디어는 물론 학생들을 가르치는 교수방식에 대한 조언을 제공해 주었다. 그 외에, 본 저서의 초판을 개괄하고 제안점을 제시해 준 Karen Kettle에게도 감사한다.

많은 시간을 들여 편집과 출판에 도움을 주신 Rachel Knox와 편집상에서 도움을 준 Lari Hatley 및 그 외 여러분들께도 감사한다.

마지막으로, 본 저서를 출판할 수 있도록 격려해준 가족에게 감사한다.

Renzulli의 "다중메뉴모델을 통한 차별화된 교육과정 개발(The Multiple Menu Model for Developing Differentiated Curriculum for the Gifted and Talented)"이라는 12쪽 정도 되는 저널을 읽고선, 나의 교사생활에서 놓쳐버린 것들에 대해 생각하게 되었고, 지금까지 불명확했던 교육과정 개발에 대한 새로운 추진력을 얻었다. 즉, 이 저널은 실제적으로 교육과정을 개념화하고 그 가능성을 보여주었다.

다중메뉴모델은 교육과정 이론과 교육과정을 기술하는 방법 사이의 관계를 거의 보여주지 않는다. 대신, 교육과정 내용과 교수결정(instructional decision)을 서로 결부지어 생각하도록 하여, 각 교과영역의 실제적인 부분들이 어떻게 그 교과의 근간이 되는 속성에서 비롯되는지를 보여준다. 더 중요한 것은 전문가가 실제 자신의 생각을 조직하고, 작업을 하고 결과를 평가하듯이, 교사도 이와 같이 활동을 할 수 있도록 도움을 준다는 것이다.

다중메뉴모델은 단지 한 편의 저널이지만, 다중메뉴모델은 나의 사고를 발전시키는 발판이 되었다. 이로 인해 지난 십년 이상, 공립학교 교실을 떠나 대학 강단에 설 수 있는 기회를 갖게 되었고, 버지니아 대학에서 계속적으로 교육과정을 연구할 수 있었다. 모델이 실제적이며, 분명하고, 잘 설명되었지만, 여전히 교육과정에서 개발해야 할 것과 저자의 용어, 사고 및 내용 등에서 정립해야 할 부분이 많이 있다.

본 지침은 교육과정과 교수활동을 개발하기 위해 내가 알고 있는 것 중에서 가장 유용한 틀(framework)을 제시하고 있다. 한편 본 모델의 아이디어가 실질적이고, 분명하고 예를 여럿 들어 주고 있지만, 여전히 나에게는 교육과정 개발이 고차원의 예술임을 상기시켜 주고 있다.

본 모델은 나의 생각을 발판으로 받치는 구조를 제공해 주었지만, 진정한 그리고 통일성 있는 학습기회를 가진 학생들이 나를 에워싸도록 본 모델이 요구하는 한 나의 자유는 제한을 받게 된다.

10년 동안, 교과서 저자로서 교과목을 소화하기 쉽게 조리하기보다는 오히려 전문가가 아는 것처럼 교과목을 보려고 애쓰면서 메뉴를 파악(the knowing menu)하려는 대학원생들을 보아 왔다. 나는 알고 있었던 바대로 혹은 가르치도록 유임 받은 대로 핵심 개념(key concepts)과 원리(principles)를 교육과정과 보조를 같이 하도록 노력하는 교육자들도 보아 왔다. 나는 중요한 학생 산출물을 개발하여 학생들로 하여금 실제 세계에서 아이디어와 기술들이 여러 가능성으로 가득 차 있음을 보게 하려고 애쓰는 교육자들도 보아 왔다. 나는 아이디어를 발견하려는 학생의 요구와 완전하게 그리고 분명하게 내용을 이해시키려는 교사 자신의 요구를 균형 있게 조절하는 교수법과 접근법을 개발하고자 하는 사람들도 보아 왔다.

이 모든 노력에서, 우리가 학생들에게 원하던 바를 바로 교사들이 경험하고 있음을 보게 되었다. 계속적인 노력, 지식, 이해 및 기술의 끝에는 살아 있는 무언가가 있고, 진정한 도전의 끝에 학습자가 다시 만들어지게 된다.

본 저널에서 볼 수 있는 여러 분들의 노력에 감사드린다. 나는 본 지침의 자료들이 가치롭게 교육과정에서 조직적으로 사용되고, 이 자료가 뜻하는 바대로 나의 생각을 확장해 줄 것을 기대한다. 아울러 여기서 제시한 방향에 따라 교사들은 지식을 발견하고 학생들로 하여금 그들의 행위를 통해 환경(A doing-to know environment)을 배우는 가능성을 제시할 수 있길 바란다.

Carol Ann Tomlinson
The University of Virginia
2000년 8월

차　례

도표 차례

도입: 전개할 내용

지난 10년 동안 교육과정을 향상하기 위해 교사들이 사용할 수 있는 여러 방법들을 살펴봄으로써 본 저서를 저술할 수 있었다. 주 교육과정(state curriculum) 지침서들의 상당부분들이 지식(내용)과 교수기술(과정)의 중요성 사이를 저울질하며, 가장 최근의 교육활동을 포함하려고 하지만, 중요한 교육과정 기술문제는 우유부단한 위원회의 일로 남게 되었다. 비록 교육과정 저자들의 의도는 좋지만, 교수 및 학습과정을 의미 있는 방식으로 증진하는 활동들이 거의 없는 것이 실정이다.

교육과정 지침을 효과적으로 정규 교실의 학습과정에 적용하기 위해서는 교육과정의 결과(curriculum of outcomes) 목록들을 중요 단원에 전환할 자원과 시간이 필요하다. 다중메뉴모델의 여섯 가지 실제적인 계획지침과 메뉴를 통해, 교사들은 유치원에서 고등학교에 이르기까지 교실에서 사용할 수 있는 깊이 있는 단원을 개발할 수 있다. 다중메뉴모델은 여러 교육과정과 교수이론에 바탕을 두고 있으며 (Ausubel, 1968; Bandura, 1977; Bloom, 1954; Bruner, 1960, 1966; Gagné & Briggs, 1979; Kaplan, 1986; Passow, 1982; Phenix, 1964;

Ward, 1961), 전통적인 접근과 달리, 균형 있는 학습내용과 과정을 강조한다. 따라서 학생들은 1차적인 연구자로서 학습에 참여하며, 지식의 구조와 상호관계를 탐색한다.

메뉴라는 용어를 사용한 이유는 컴퓨터 소프트 프로그램 혹은 레스토랑의 메뉴판에서 메뉴를 선택할 수 있는 것처럼, 모델의 요소들 중에서 교사들이 선택안을 정할 수 있기 때문이다. 메뉴를 통해, 심도 있는 단원을 개발하도록 격려함으로써, 교과구조를 이해하고, 교과 내용과 연구 방법은 물론 학습경험을 어떻게 가르칠지 함께 생각할 수 있다.

다중메뉴모델은 여러 가정과 신념들을 포괄한다. 다음 가정들은 다중메뉴모델의 기초로서 교사, 학생, 그리고 교육과정의 역할을 분명히 규정한다. 첫째, 교사는 학생들을 격려하여 흥미 있는 교과를 탐색하도록 한다. 교육과정을 개발할 때, 교사들은 이야기, 사실과 자료들을 수집하고 학생들이 연구과정에 참여할 수 있도록 책략을 사용한다. 둘째, 진정한 교육과정은 연구활동과 창의적인 활동으로 구성되며, 이 활동을 통해, 학생들은 실험가, 작가, 미술가 및 여러 전문가로서의 역할을 해본다. 그러므로 교육과정 개발목적은 어떤 특정 교과내용과 방법을 공부할 때, 실제 전문가들이 하는 것처럼 사고하고, 느끼고, 행동할 수 있는 환경을 조성하는 것이다.

포괄적으로 교과를 기술하고 싶거나 교과기술의 어려움을 충분히 이해하고 있는 교사를 위해 다중메뉴모델을 개발하였다. 본서의 방법론에 관한 장은 여러 제안점들과 지침을 제시하고, 또는 문제 및 의문점을 언급하고 그 문제를 통해, 교사들이 어떻게 다중메뉴모델을 사용하는지 보여주고자 하였다.

제 1 장

사고능력은 지식의 대용물이 아니라, 바로 지식이 사고능력의 대용물이다. 이 둘은 모두 중요하다. 지식과 사고는 한 동전의 두 일면이다.

—R. S. Nickerson

내용과 교수기술의 조화

교육과정을 개발해 본 사람이면 다음의 두 가지를 경험하게 된다. 첫째, 교육과정을 개발하는 것은 어렵고 힘이 든다는 것이다. 몇 가지 내용 및 활동들을 건드려 보는 것 이상의 사고와 작업이 필요하다. 기존의 교육과정 원리를 반영하고, 진정한, 그리고 서로 관련성이 있고, 개인적으로 의미 있는 교수활동을 개발하기 위해서는 많은 노력이 필요하다.

둘째, 현 교육과정 저자들은 기본적인 교육과정 원리에 대해 의견이 일치한다. 대부분 교육과정은 "해야 한다"로 기술되는데, 이는 단원에서 언급해야 하는 교육과정 기준을 파악하고, 추상적인 개념을 가르치고, 학생에게 소개하고 학생 활동을 개발할 때 사용하는 내용과 기술을 선정하고, 학생의 성취와 지식의 획득을 확인하는 평가도구를 결정하는 데 있어 초점이 되는 교육과정 경험의 필요성을 지적한다. 그리고 이들 "해야 한다" 목록들은 전형적으로 내용 전문가, 교사 혹은 교수 전문가들이 협동적으로 노력을 기울이는 원리들을 포함하게 된다. 그러나 이상과 같은 교육과정 원리들은 단원을 기술하는데 특별히 필요한 것들을 제공하지 못한다. 예를 들어, 너무 일반적이어서 단원은 더 높은 사고기술과 진보적인 내용에 초점을 두어야 한다는 것을 알고 있어도 어떻게 적절한 내용과 기술을 파악할지, 어떻게 여러 교수법과 활동방안을 조사할지, 어떻게 내용과 과정을 조화롭게 만들지 모른다.

교육과정 모델과 형식의 필요성

교육과정 개발자는 정의상, 실용주의자들로서 그들은 확실하고 실제적인 결과를 산출해야 한다. 교육과정 개발자들은 교육과정을 개발할 때 전형적으로 직면하는 문제를 극복할 지침이 필요하다. 교육과정을 개발하는데 있어서, 이상주의자들의 원리와 이들 원리를 구체화할 수 있는 실용주의자들의 원리가 모두 필요하다. 실용적인 모델의 필요성을 보여주기 위해 다음의 시나리오를 살펴보고자 한다.

시나리오 1: 내용전문가

세실 박사는 여러 편의 책과 아티클을 발표한 유명한 방법론 교수이다. 강의실은 매우 인기 있고 재미있다. 그의 교수법은 고등교육(higher education)에서 볼 때, 전통적이며 거의 보편적인 것이다. 강의하고 과제물을 주고 참고문헌을 읽도록 하지만 토론을 거의 하지 않는다. 때때로 학생이 질문할 경우 토론이 이뤄지기도 한다. 일반적으로 학생들은 복사물을 받고, 주어진 주제에 대해 학기 보고서를 작성한다. 세실 박사는 학생성취를 평가할 때 보고서 점수와 시험점수를 사용한다. 방법론 과정의 목표가 무엇이냐고 질문했을 때, 약간 멈칫하더니 “나는 학생들이 방법론을 더 잘 이해하길 바랍니다”라고 분명히 대답했다.

시나리오 2: 교수법 전문가

보린은 매 년 방법론에 대한 단원을 가르치는 존경받는 중학교 영어 교사이다. 학생들은 여러 신화를 읽고 토론하며, 신화적 시뮬레이션에 참여하고, 신화를 예술적, 극적으로 묘사한다. 보린 교사는 학생들을 격려하여 학생 자신의 신화적 인물을(시각적이고 문어적 형식으로) 만들어 보게 한다. 비록 보린 교사가 폭넓고 다양한 교수법을 사용한다고 해도, 방법론 분야를 정의하는 가장 중요한 기본 개념을 다루지 못했다. 단원에 대한 목적을 질문했을 때, "나는 학생들이 신화를 분석, 합성, 그리고 평가하길 원해요"라고 대답했다. 그리고 나서 "또한 학생들이 창의적인 사고기술, 자아개념 및 대인관계를 개발하길 바래요"라고 덧붙였다.

위의 두 시나리오는 교사들이 교육과정 개발을 고려할 때 직면하게 되는 문제를 잘 보여준다: 개인차를 조절하는 교수 기술의 정밀함(rigor)과 진정성(authenticity)의 균형. 아무도 대학교수의 확신에 대해 의심하는 사람은 없다. 분명히 그는 학생들에게 방법론에 대한 지식적인 기초를 제공할 수 있다. 그렇지만 교육자는 다음의 주장을 제기할 수 있다. 즉, 대학 교수모델에서 교수과정이 거의 달라지지 않기 때문에, 개별 학생의 능력 차이와 흥미차이를 조절하지 못한다. 주제의 정밀함과 진정성은 칭찬할 만하지만, 다양한 학생의 요구를 충족시킬 정도로 다양한 교육자료를 제시하지 못한다.

두 번째 시나리오는 확실히 좋은 교수원리로 비견될 만한 교수기술을 보여주고 있다. 그러나 주제에 대한 사실이 덜 진지하게 단순한 지식으로 다뤄지고 있다는 점을 간과할 수 없다. 두 번째 시나리오의 교사는 위의 교수처럼 자신의 지식영역을 잘 알고 있다. 분명히 필요한 것은 주제 문제전문가와 교수전문가의 조화이다. 만약 교사들이 학생들에게 개인적으로 의미 있는 교육과정을 개발하려고 한다면, 내용과 교수법 간의 간격을 보안하고 연결하는 것이 바람직하다.

제 2 장

홍미 있고, 무언가에 쌓여서 몰두하는 것. 홍미가 있으면 그것에 민감하게 되고, 신경을 쓰고 주의를 집중한다. 어떤 것에 홍미가 있는 사람은 그 일로 인해 자신을 잊어버리고, 그 속에서 자신을 찾게 된다. 즉, 이 두 표현은 어떤 주제에 자아를 몰입하는 것을 말한다.

—John Dewey

다중메뉴모델의 원리

효과적으로 교육과정을 개발하기 위해서 교육과정 개발자들은 우선 교과 내에서 어떻게 지식을 구성할지 이해해야 한다. 교과는 연구자들이 제기하였던 여러 상이한 질문들과 이들 질문에 답을 얻고자 개발하였던 연구방법의 결과로 인해서 수 세기 동안 축적되어 나타난 실체이다. 이 책은 교육과정 개발자들로 하여금 지식(knowledge)에 대한 정보를 사용해서 홍미와 보다 진정한 교수 단원을 개발할 수 있도록 다중메뉴모델을 개발하였다. 교육과정 개발자들이 어떻게 지식이 발전하는지 이해할 때, 단원에서 사용할 내용과 교수접근법을 분명하게 선택할 수 있다.

지식이론 개요

다중메뉴모델의 기저가 되는 지식이론은 윌리암 제임스(William James, 1885)의 세 가지 지식수준에 근거한다. 이 수준들은 ____의 지식(Knowledge-Of), ____에 대한 지식(Knowledge-About), 그리고 방법에 대한 지식(Knowledge-How)이다.

____의 지식(Knowledge-Of)

이 수준의 지식은 인식수준이다. '____의 지식'은 어떤 주제에 정통하기 보다는 그냥 알고 있는 것을 말한다. 이 수준을 제임스는 "더 진보적인 수준, 즉 체계적인 연구 및 사고와 구분되는 단순히 면식(Acquaintance)으로 아는 것"이라고 말한다. 예를 들어, 보통 사람도 천체 물리학을 알고 있지만, 이 사람이 아주 특별한 수준 이상으로 천체 물리학을 알고 있다고 말할 수는 없다.

'____의 지식'은 기억(지식 저장), 회상(기억 회수), 그리고 인식 등과 관련이 있지만, 이 수준은 본래 더 진보적인 사고과정을 포함하지 않는다. 대부분 교육과정 개발은 이 수준에서 시작하지만, 제임스가 낮은 수준의 알기(knowing)와 높은 수준의 알기를 구분지을 때 사용하였던 체계적인 연구와 반성(reflection)을 일컫는 '____에 대한 지식' 수준으로 진행되어야 한다.

____에 대한 지식(Knowledge-About)

'____에 대한 지식'은 정보를 단지 기억하고 회상하는 것 이상으로 보다 진보적인 수준에서 이해하는 것을 말한다. 이 수준은 기억과 회상에 바탕을 두지만, 또한 구별하기, 전환하기, 해석하기 및 어떤 사실, 개념, 이론 혹은 원리를 설명하는 것 등과 같이 보다 높은 수준의 지식 요소를 포함한다. 사실, 개념, 이론 및 원리를 설명하는 것은 신체 및 예술적인 성취(예: 특별한 춤을 보여주는 것) 혹은 언어와 조작 활동을 결합하여(예: 각 과학장비들이 어떻게 작동하는지 보여주는 것) 알고 있음을 보여주는 능력도 포함할 수 있다.

교육과정 개발자들이 내리는 가장 중요한 결정 중 하나는 단원, 레슨은 물론 여기서 다룰 것들의 깊이와 복잡성을 어느 정도로 할 것인지 결정하는 것이다. 바로 '____에 대한 지식 수준'에서 학생들은 기본적인 교과 공부를 시작한다. 면식으로 단순히 사실을 아는 것에서 내용을 실제 사용하고 정신적으로 이용하는 수준으로 옮아가기 위해서, 학생들은 전문가들이 실제 분야에서 사용하는 방식 및 교과를 조직하는 핵심개념과 기본 원칙을 이해해야 한다. 단원을 개발하고자 하지만 그 영역에 충분한 배경지식이 없는 교사는 필요한 지식을 획득해야 한다. 이들 교사들은 공식적으로 과정을 수강하거나, 독립적으로 연구하거나, 그 내용을 잘 알고 있는 전문가와 팀을 이뤄서 함께 공부할 수 있다. 내용이 충실한 대학개론서는 대개 교육과정 개발에 필요한 기초지식을 얻는 가장 빠르고 효과적인 방법이다.

방법에 대한 지식(Knowledge-How)

이 수준의 지식은 개인이 의미를 만들고 새로운 연구분야에 기여할 수 있는 지식 유형을 말한다. 어떤 연구분야에서든지 '____에 대한 지식'을 창출하기 위해서 연구방법을 적용해야 한다. 대부분 전문가들은 적절한 방법을 사용하여 가장 높은 수준에 도달한다. 이것은 바로 연구자, 작가, 그리고 예술가들이 추구하는 일의 성격을 보여주며, 전형적으로 단원을 가르칠 때 부족한 점이다. 그러나 방법에 대한 지식을 통해서 실제 연구자처럼 방법론적 기술을 사용하게 함으로써, 일차적인 연구자가 되어 보도록 흥미를 북돋을 수 있다.

특히 두 번째, 세 번째 지식은 복잡성 면에서 연속성을 지닌다. 교육과정 개발자들은 연령 및 능력에 맞는 복잡성 정도를 결정하는 책임이 있다. 마지막 분석에서, 어떤 특정 연령집단에게 적절한 지식수준과 내용을 결정할 때, 교육과정 개발자는 내용분야와 교수기술은 물론, 인지와 발달심리도 이해하고 있어야 한다.

다중메뉴모델에서, 제임스의 세 가지 수준의 지식이론은 알프레드 노쓰 화이트헤드(Alfred North Whitehead, 1929)의 열정 개념 (Concepts of Romance), 기술 능숙도(Technical Proficiency) 및 일반화(Generalization)와 함께 사용될 수 있다. 예를 들어, 화이트헤드에 의하면, 아직 ____의 지식 수준에 있을 때조차도 의학 분야에 대한 열정(흥미)을 가질 수 있다. 이 사람은 의학 전문가가 되기 위해 필요한 기술을 능숙하게 다룰 수 있을 때까지 자신의 열정(흥미)을 추구한다. 그러나 대부분의 전문가들이 최고 수준까지 도달하긴 하지만 일반화 수준에 도달하는 사람은 드물다. 일반화에 도달한 사람은 "이 의학 분야에 새로운 정보와 지식으로 기여하고자" 하는 사람을 말한다. 이 세 번째 수준은 여러 면에서 뛰어난 능력을 가진 학생을 위한 특별 프로그램의 주요 목표들 중 하나와 일치하는 것이다.

교육과정과 교수이론에서 개념(concept) 선택하기

다중메뉴모델은 다음의 교육과정과 교수이론가의 이론에 근거한다: 제롬 브루너(Jerome Bruner, 1960, 1966)는 귀납적(Inductive) 교수법에 초점을 두고 발달수준에 상관없이 모든 학생에게 내용(content)을 가르칠 수 있다고 생각하였다. 즉, 어떤 주제도 적절한 방법으로 접근하면 가르칠 수 있다는 것이다(Bruner, 1971, p. 71). 브루너에 의하면, 교사의 주요 책임은 학생을 도와서 주제구조를 이해하도록 하는 것이다. 학생들이 주제의 기본 아이디어들을 학습하고 어떻게 아이디어들이 서로 관련이 있는지 학습하게 하는 것이 교사의 일이며, 이와 같은 목적을 달성하기 위해 교사들이 나선형 교육과정(spiral curriculum)을 사용하도록 제안하였다. 나선형 교육과정을 통해, 교사는 학생 수준에 맞는 학습자료를 흥미롭게 제공한다. 그러면 학생들은 교육과정을 따라 학습해 나가며 이에, 교사는 더 심도 있고 복잡한 방법으로 똑같은 아이디어를 제공한다.

필립 피닉스(Philip Phenix)는 다중메뉴모델의 교육과정을 개발하는데 기여하였다. 『의미 영역(*Realms of Meaning*)』(1964)이라는 저서에서, 지식 팽창과 관련하여 교육과정의 문제점을 지적하고 적절한 내용을 선택할 수 있는 네 가지 기준을 제시하였다. 첫째, 가르칠 내용을 조직적인 체계가 있는 학문교과나 연구분야에서 추출해야 한다. 교사의 역할은 지식이 학생들과 관련이 있고 의미를 가질 수 있도록 학문교과의 지식을 검토하는 것이다. 둘째, 교육자료에는 전형적인 교과의 특징이 있어야 한다. 이와 같은 방식으로 내용을 선택함으로써, 방대한 교육자료에서 대표적인 아이디어를 골라낼 수 있다. 셋째, "교과영역에서 연구방법을 보여주는 교육자료"를 선택하는 것이다(p. 333). 전문가가 새로운 지식을 창출할 때 사용하는 연구방법과 방식으로 교과를 정의할 수 있다. 지식과 교육과정 내용은 항상 달라지지만, 기본적인 연구 수단은 잘 달라지지 않는다. 이러한 유형의 학습을 통해, 학생들은 교과영역의 연구분야를 더 잘 이해하고 활동적으로 참여한다. 넷째, "학생의 상상력"을 불러일으키는 교육자료를 선택해야 한다는 것이다(p. 342). 이 기준은 동기, 흥미를 일컫는 것이다. 학생들이 알고 싶을 때 가장 잘 학습하기 때문에, 학생의 상상력은 교육경험을 의미심장한 것으로 만드는 수단인 것이다. [도표 2.1]은 학생의 상상력에 호소하는 것이 갖는 중요성으로 교육자료를 선택하고 학생의 학습 경험을 고안할 때 도움을 준다.

다중메뉴모델은 또한 오스벨(Ausubel, 1968), 벤두라(Bandura, 1977), 블룸(Bloom, 1982), 가네와 브리그스(Gagné & Briggs, 1979), 카플란(Kaplan, 1986), 파쇼우(Passow, 1982), 톰린슨(Tomlinson, 1999)과 와드(Ward, 1961) 등의 연구에 근거한다. 이들 연구자들의 영향에 대해서는 다음 장에서 언급할 것이다. 비록 이들 이론가들이 다중메뉴모델에 영향을 주었지만, 어떤 것은 잘 적용되지 않는 것도 있다. 예를 들어, 다중메뉴모델은 지식(knowledge)과 교수목표메뉴(instructional objectives menu)에서 블룸의 분류(Bloom's Taxonomy)를 주로 사용하였지만(3장과 4장 참고), 약간 변경하여 사용한 것도 있다. 가장 큰 변경은 적용(application) 범주이며(블룸의 3수준), 교육과정개발 및 다중메뉴모델의 목적을 위해서, 블룸의 분류에 있는 기타 과정들을 결과물 혹은 산출물로 간주하기도 할 것이다.

상상력에 호소하기

1. 상상력은 학생과 교사의 내부생활에 속한 것으로 교육에 의미를 부여하는 힘을 가진다.
2. 상상력은 인간 자유를 보여주는 것으로 생물학적 요구에 제한되지 않는다.
3. 상상력은 독특한 인간 정신과 영혼의 특징이다. 상상력은 동기의 핵심이다.
4. 상상력을 통해 의미심장한 경험을 할 수 있고, 학생들을 그들 밖으로 표출하게 한다. 일상적이고, 반복적이며, 지루한 것은 아무 의미가 없다.
5. 학생들은 알고 싶을 때 가장 잘 배운다. 학습의 효과는 직접적으로 동기와 관계가 있다.
6. 교육자료는 학생의 실제 흥미와 관련된 것으로 선정해야 한다.
7. 교육자료는 상상력을 자극하는 것으로 선정해야 한다.
8. 교육자료는 일상적인 경험에서가 아닌 특별한 경험에서 선정해야 한다.
9. 교육자료는 이상하고, 비법이 있을 것 같고, 감각적이고, 쇼맨십으로 가득한 것은 선정하지 말아야 한다.
10. 교육자료를 통해, 학생들은 더 깊이 보고, 더 집중하여, 더 완전히 이해했다는 느낌을 주어야 한다.
11. 교육자료는 사람, 성숙도, 문화적 맥락에 따라 달라져야 한다. 모든 사람에게 모두 상상력을 불러일으키는 교육자료는 없다.
12. 교사는 상상력을 보여줄 수 있어야 한다.
13. 교사는 상상력을 일깨움으로써 의미를 깨닫게 된다는 가능성을 신뢰해야 한다.

Phenix, P. H. (1964). *Realms of Meaning*. New York: McGraw-Hill에서 발췌.

[도표 2.1] 상상력에 호소하기 위한 지침.

다중메뉴모델 구조에 대한 이론적용

가르칠 지식을 조직하고, 단원을 고안하고, 특정 영역과 관련된 연구방법을 적용할 수 있도록 돕기 위해 다중메뉴모델을 개발하였다. 교사는 교과의 원리 및 개념을 파악하고, 주의 깊게 어떻게 이것을 학생들과 함께 공유할지 알고 있어야 한다. 실제 전문가들이 자신의 연구 분야에서 사용하는 연구방법을 학생들이 적용해 보는 기회를 가질 수 있도록 교육과정 저자들을 격려한다. 교육과정 저자들은 모든 요소를 고려해야 한다. 왜냐하면 주제를 깊이 이해하고, 의미 있고 진정성 있는 교과서를 가지고 학습할 수 있도록 지원하고, 연구방법을 제공할 때, 이 모든 것을 새로운 정보에 적용할 수 있기 때문이다. 이와 같이 교육과정을 계획함으로써 학생들이 단순히 표면 수준에서 내용을 배우는 것이 아니라, 심도 있고 복잡한 교과 및 그 내용을 배울 수 있도록 돕는다.

오늘날 지식이 빠르게 팽창하고 있기 때문에, 다중메뉴모델을 조직하여 학습한 바를 새로운 상황에 최대한 전이하는 방식으로 내용을 선정하고 학습절차를 선택하고자 하였다. 모델은 여러 교과의 구조적인 요소에 그리고 기본적인 원리, 기능적 개념(ward, 1960)과 교과의 방법론을 지도하는 데 초점을 맞추었다. 교사들은 학습자들로 하여금 내용분야에서 선택한 주제를 이해하도록 돕는 도구로서 원리와 개념들을 간주해야 한다. 이와 같은 유형의 정보는 시간에 민감한 주제 혹은 일시적인 정보와 비교되는 "지속적인 지식(enduring knowledge)"으로 일컬어진다. 예를 들어, 신뢰성의 개념을 이해하는 것은 심리검사 연구의 주요 부분이므로, 신뢰도는 심리분야에서 지속적인 요소로 간주될 수 있다. 그러나 어느 특정 검사의 신뢰도는 시간마다 변화될 수 있으므로, 보다 시기에 따라 좌우되며 속성상 일시적이라 할 수 있다.

만일 학습자들이 신뢰도의 지속적인 개념을 기본적으로 이해하였다면 이와 같은 정보를 "찾아보고" 이해할 수 있을 것이다.

다중메뉴모델은 피닉스(Phenix, 1965)가 대표적인 주제라로 명명한 것에 근거하여 내용을 선택한다. 대표적인 주제는 단원, 레슨 등에서 핵심이 될 만한 내용으로 구성된다. 예를 들어, 교사가 비극적인 영웅에 대한 핵심개념을 보여주려고 대표적인 문학 중 하나인 『베니스의 상인』을 선택했으면, 이 단원에서 비극적 영웅(핵심 개념)을 전개할 다른 것들을 선정해서 통합해야 한다. 그리고 비극적인 영웅들을 비교 및 대조하는 것이 교수 목적이라면 2차 혹은 3차적으로 다른 것을 선택할 필요가 있다. 한 두 개의 대표적인 문학을 선정했다고 이것이 개념을 전달하는 것은 아니다. 유사하게 교사는 생물학의 굴동성(Tropism)의 주제를 가르치기 위해 항광성(Phototropism)을 선정하고 이것과 똑같은 원리가 적용되는 것을 지질학이나 수질학 등을 참조함으로써, 또한 생물학적인 굴동성을 지도할 수 있다. 물론 학생들은 흥미에 따라서 관련된 주제에 대해 추후활동의 기회를 갖는다.

다중메뉴모델은 적용, 평가, 자기실현 및 향상된 인지구조 발달 같은 보다 폭 넓은 전이가(transfer value)를 갖는 과정에 초점을 둔다. 다시 말해서, 본 모델에서 대표적인 주제는 과정발달을 위한 수단으로서, 앞서 언급한 구조적 차원과 핵심개념은 학생들에게 어떤 주어진 주제를 연구하기 위해 필요한 도구를 제공하는 것이다. 학생들은 대표적인 주제를 연구함으로써 그곳에서 얻은 지식을 발달시키고, 실제화하고, 적용할 수 있다.

또한 본 모델은 적절한 방법론 사용을 강조한다. 모든 내용은 부분적으로 새로운 지식을 그 분야에 덧붙일 때 사용하는 연구방법과 연구기술로 정의할 수 있으며, 대부분 지식 전문가들은 가장 높은 수준에 도달하기 위해 적절한 방법을 사용하려고 한다. 실제, 과학자, 작곡자,

작가와 학자들은 자신의 분야에 새로운 기여를 할 때 이와 같은 수준에서 작업을 한다. 비록 이러한 수준에서는 그 분야에 대한 높은 이해와 때때로 고도의 장비를 사용해야 할 경우가 있으나, 학생들은 대부분 지식분야와 관계 있는 도입 수준의 방법을 성공적으로 배울 수 있고 적용할 수 있다. 학생 역시 이와 같은 수준에 도달하기 위해, 지식과 관련된 방법론을 적용하고 특수장비를 사용하고(Bruner, 1960), 방법론의 획득과 적용에 초점을 둠으로써, 보다 활동적인 학습과 학습참여를 권장할 수 있다.

몇 가지 개념을 잘 알고 어떻게 그것을 다른 주제에 적용할지 아는 것이 바로 가장 좋은 학습이다.

—John Goodlad

제 3 장

지식메뉴의 구조

다중메뉴모델[도표 3.1]은 실제적인 계획지침과 메뉴들을 제공하기 때문에 교육과정 개발자들에게 지식과 교수기술을 서로 결합하는 과정에 도움을 줄 수 있다. 마이크로소프트 워드 같은 프로그램들의 메뉴를 통해서 문서 작성을 할 수 있듯이, 모델의 메뉴들은 교육과정 개발자들이 선택할 수 있는 여러 범위의 교육과정 선택안들을 제공한다. 각 메뉴는 지식의 부분을 나타내며, 교육과정 단원, 레슨 혹은 부분 레슨과 여러 교수기술에 대한 기초를 형성하여 보다 흥미 있고 효과적인 방법으로 지식을 지도하는 것이 가능하게 된다.

지식메뉴(Knowledge Menu) 사용

다중메뉴모델은 교육과정 개발자들이 가장 중요한 개념과 아이디어를 선택하고 학습자와 함께 공유할 수 있도록 제기하고 조사한다. 지식메뉴를 통해 교사는 네 가지 관점에서 교과를 조사한다: 더 큰 지식맥락

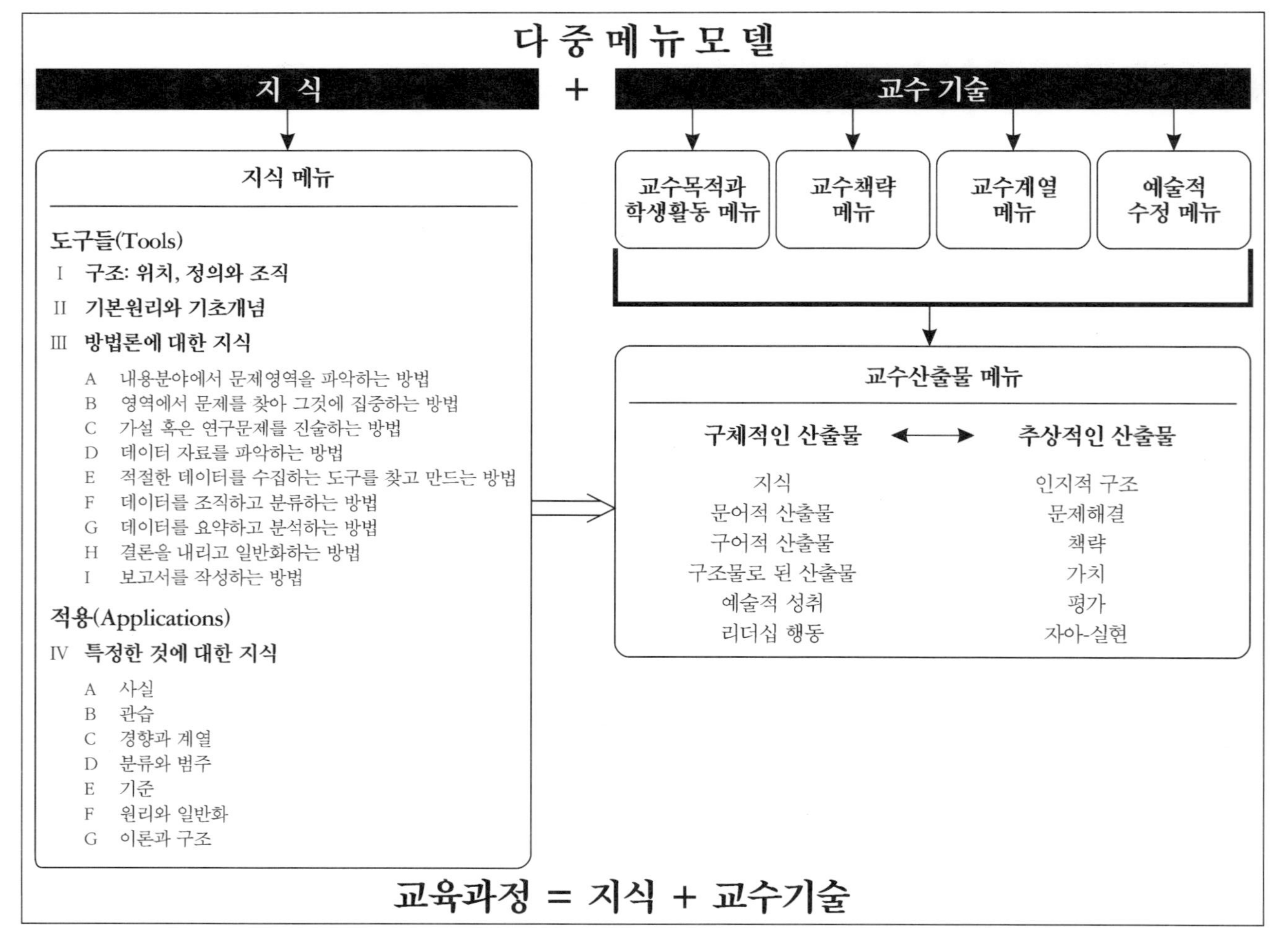
다 중 메 뉴 모 델
지 식
+
교수 기술
지식 메뉴
도구들(Tools)
I 구조: 위치, 정의와 조직
II 기본원리와 기초개념
III 방법론에 대한 지식
A 내용분야에서 문제영역을 파악하는 방법
B 영역에서 문제를 찾아 그것에 집중하는 방법
C 가설 혹은 연구문제를 진술하는 방법
D 데이터 자료를 파악하는 방법
E 적절한 데이터를 수집하는 도구를 찾고 만드는 방법
F 데이터를 조직하고 분류하는 방법
G 데이터를 요약하고 분석하는 방법
H 결론을 내리고 일반화하는 방법
I 보고서를 작성하는 방법
적용(Applications)
IV 특정한 것에 대한 지식
A 사실
B 관습
C 경향과 계열
D 분류와 범주
E 기준
F 원리와 일반화
G 이론과 구조
교수목적과 학생활동 메뉴
교수책략 메뉴
교수계열 메뉴
예술적 수정 메뉴
교수산출물 메뉴
구체적인 산출물
추상적인 산출물
지식
문어적 산출물
구어적 산출물
구조물로 된 산출물
예술적 성취
리더십 행동
인지적 구조
문제해결
책략
가치
평가
자아-실현
교육과정 = 지식 + 교수기술

[도표 3.1] 다중메뉴모델.

에서의 위치와 조직, 기저 원리와 개념, 방법, 가장 대표적인 주제와 일반 지식영역에 미치는 기여점.

이들 관점들은 교수단원(instructional unit)의 구성요소이며, 다음에서 살펴볼 처음 세 가지 섹션 혹은 지식메뉴의 관점은 일종의 "도구"(tool)로서 생각할 수 있다. 마지막 섹션은 어떤 주제를 연구하는 과정에서 이들 도구가 적용되는 주제를 나타낸다.

섹션 1
지식의 구조: 지식분야의 위치, 정의와 조직에 대한 이해

다중메뉴모델을 바탕으로 단원을 개발하는 교사는 우선 개발하려는 교과가 보다 큰 지식 영역에서 차지하는 위치를 찾아보고, 복잡한 현상을 이해할 때 학생들로 하여금 각 교과 혹은 연구분야가 제공하는 독특한 관점을 전체적으로 살펴볼 수 있도록 한다. 그 다음, 지식의 특정 영역과 그 하위영역들을 연구하는 이유와 이들 지식영역이 인류에 기여하는 바가 무엇인지 학생들과 함께 교과의 특징을 조사한다. "사회학이란 무엇인가?" "사회학자가 연구하는 것은 무엇이며 왜 연구하는가?" "사회학은 다른 학문 예를 들어, 심리학 및 인류학과 어떻게 다른가?" "사회심리학과 사회인류학은 무엇인가?" "어떻게 사회학은 더 큰 학문인 사회과학의 목적과 일치하고 부합하는가?" 등과 같은 질문에 대답할 수 있도록 돕는다. 교과의 구조에 대한 질문을 통해 학생들은 교과가 어디에 위치하며 여러 다른 교과와 어떤 관련성이 있는지 이해한다.

교과 내와 교과 간의 관계는 그래프 조직표 혹은 지식나무(knowledge tree)를 사용하면 잘 파악할 수 있다(부록 C는 여러 지식나무의 예이다). 그래프 조직표 혹은 지식나무를 사용하여 교육과정 저자들은

도입시 사용할 수 있는 질문

1. 어떻게 이 연구분야를 정의하는가?
2. 이 연구분야의 일반적인 목적은 무엇인가?
3. 각 하위분야 중 연구가 집중되고 있는 영역은 무엇인가?
4. 이 하위분야에서 어떤 질문을 할 것인가?
5. 각 하위영역에서 주요 데이터 자료는 무엇인가?
6. 이 분야와 그 하위분야에서 지식은 어떻게 분류되고 조직되는가?
7. 이 분야 및 그 하위분야에서 기본적인 참고서적은 무엇인가?
8. 주요 전문저널은 무엇인가?
9. 주요 데이터 출처는 무엇인가? 어떻게 접근할 수 있는가?
10. 이 분야 및 그 하위분야를 더 잘 이해하기 위해 역사 혹은 연대기적 사건이 있는가?
11. 이 분야가 무엇인지 보여주는 예나 이 분야에서 지배적 관건이 되는 사건, 사람, 장소 및 신념이 있는가?
12. 분야와 관련된 특별한 유머, 축약어 및 두문글자, 스캔들, 아직 드러나지 않은 사실이나 신념 같은 아직 공개되지 않은 지식의 예로는 무엇이 있는가?

[도표 3.2] 연구분야를 전체적으로 살펴보고 도입할 때 사용할 수 있는 질문들.

또한 특정한 연구분야에 대한 도입질문과 개요를 보여주는 교수활동을 조직할 수 있다[도표 3.2].

도입활동은 학생에게 동기를 부여하여 특정분야를 연구하고 학생의 흥미를 발전시킨다. 예를 들어, 고등학교 심리학 시간에, 지그문트 프로이드(Sigmund Freud)에 대한 슬라이드를 보여주거나 프로이드의 사례연구와 관련된 이야기를 해 줄 사람을 활용하여 수업을 시작할 수 있다. 이와 같은 도입은 학생의 흥미를 자극하게 되고 학생들은 자신이 얻은 정보에 대해 질문을 제기하기 시작한다. 또한 어떤 4학년 교사는 여러 문화를 소개하는 사진, 예술품 및 이야기를 가져와서 효과적으로 인류학을 소개하기도 하였고, 문화인류학자들이 세상을 연구하는 방식을 소개하는 비디오를 보여주었다. 비디오를 통해, 이 교사는 다음과 같이 질문을 하여 인류학에 대한 흥미를 불러일으키고, 앞으로 할 학습을 준비하였다.

- 인간이란 무엇인가? 어떻게 인간으로서의 자질을 얻는가?
- 서로 다른 문화들의 공통점은 무엇인가?
- 어떻게 문화는 변천하여 여러 생각과 신념을 조정하는가?
- 어떤 한 문화 내에서 가치가 있는 것은 무엇인가?

이 교사는 학생들이 예술품을 살펴보고, 문화에 대해 서로 나눌 이야기에 대해 생각해보고, 어떻게 각각의 문화가 신념, 가치와 전통 같은 독특한 특성을 보여주는지 질문하였다. 마지막으로 이 교사는 학생들이 인류학자가 문화를 연구할 때 사용하는 기술을 이용하여 우리문화를 생각해 보고 어떻게 문화가 현재의 우리를 규정하는지 조사하게 하였다.

지식메뉴의 이러한 섹션의 결과로 학생들은 연구하는 특정한 하위분야에 대해서 [도표 3.2]에 나열해 놓은 여러 의문점을 조사하도록 유도하게 된다. 의문점을 모두 조사할 필요는 없지만, 이와 같은 지식메뉴의 섹션을 학습단원의 주요 초점으로 생각해야 한다. 오히려 학생들이 숲(Big Picture)과 여러 일반적인 분야들(나무들) 간의 관계를 보도록 돕는 것이 목적이다. 연구분야를 전체적으로 살펴보도록 하기 위해서 이와 같은 지식메뉴의 섹션을 고안하였다. 교사는 단원 초에 상대적으로 피상적인 방식으로 질문 3(각 하위 영역에서 중심이 되는 주요 영역은 무엇인가?)을 제기할 수 있지만, 지식메뉴의 마지막 섹션(대표적인 주제)에 도달했을 때, 바로 이 주제가 연구할 특정 하위분야에서 중심이 되는 주요 영역이 되어야 할 것이다.

다음의 예는 어떻게 교사가 지식메뉴를 사용하여 고고학 단원을 구성하는지 보여줄 것이다.

가일의 여행: 건축학 단원 작성하기

가일 패티슨(Gail Pattison)은 6학년에서 8학년용 고고학 단원을 개발하였다. 첫째, 가일은 이 분야에 대해 알고 있는 것이 무엇인지 생각해 보았다. 주의 깊게 어떻게 단원을 도입할지 생각한 후에, 직접 연구를 실시할 필요가 있다는 것을 깨닫게 되었다. 가일은 고고학에 관한 여러 책들과 인터넷을 이용하여 필요한 정보를 수집했다. 가일은 건축가가 하는 일은 무엇이고, 왜, 그리고 어떻게 하는지 알고 싶었다. 그래서 수집한 정보를 갖고 지식나무(Knowledge tree)를 만들었다. 이 그래픽 조직표는 어떻게 건축학 분야가 조직되어 있는지, 지식의 영역 어디에 위치하는지 이해할 수 있도록 돕는 것은 물론 다른 교과와의 연계성도 보여준다고 생각하게 되었다. 고고학과 관련분야를 좀더 알게 되면서, 2개의 그래픽 지식나무를 만들고([도표 3.3]과 [도표 3.4] 참조) 이것을 시작점으로 하여 단원을 소개하였다. 지식나무를 만들 때 프로페디아스(Propedias)와 메크로페디아스(Macropedias)을 사용하여(최근의 백과사전), 고고학과 상호관련된 학문분야를 알 수 있었다. 지식나무 밑 부분에서 볼 수 있는 더 포괄적인 교과 분야로 시작하여(수학, 과학, 역사와 인간성, 철학, 지식보존과 논리 등), 학생에게 고고학을 소개할 때 사용할 것들을 그림으로 배열하였다. 또한 학생지식나무를 만들어서[도표 3.4] 똑같이 나무 밑에는 보다 포괄적인 교과를 배치하고 어떻게 나무의 위에 있는 가지들을 단원에서 배울지 그림으로 보여주었다.

다음, 가일은 도입을 만들어 고고학에 대한 학생의 흥미를 유발하고 학생들에게 고고학에 대한 전체적인 관점을 제공하고자 도입 레슨을

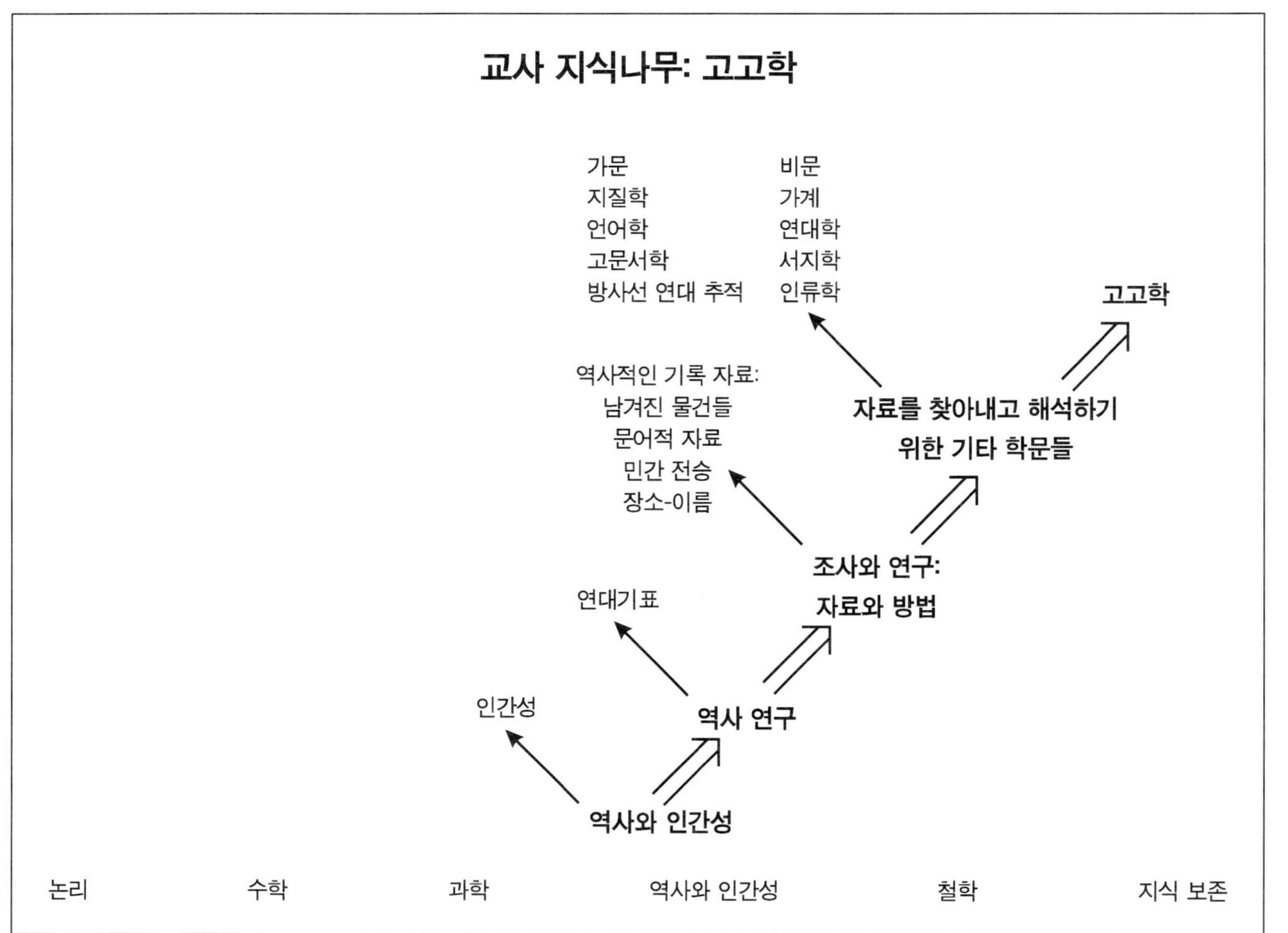
교사 지식나무: 고고학
가문
지질학
언어학
고문서학
방사선 연대 추적
비문
가계
연대학
서지학
인류학
고고학
역사적인 기록 자료:
남겨진 물건들
문어적 자료
민간 전승
장소-이름
자료를 찾아내고 해석하기
위한 기타 학문들
조사와 연구:
자료와 방법
연대기표
인간성
역사 연구
역사와 인간성
논리
수학
과학
역사와 인간성
철학
지식 보존

[도표 3.3] 교사 지식나무.

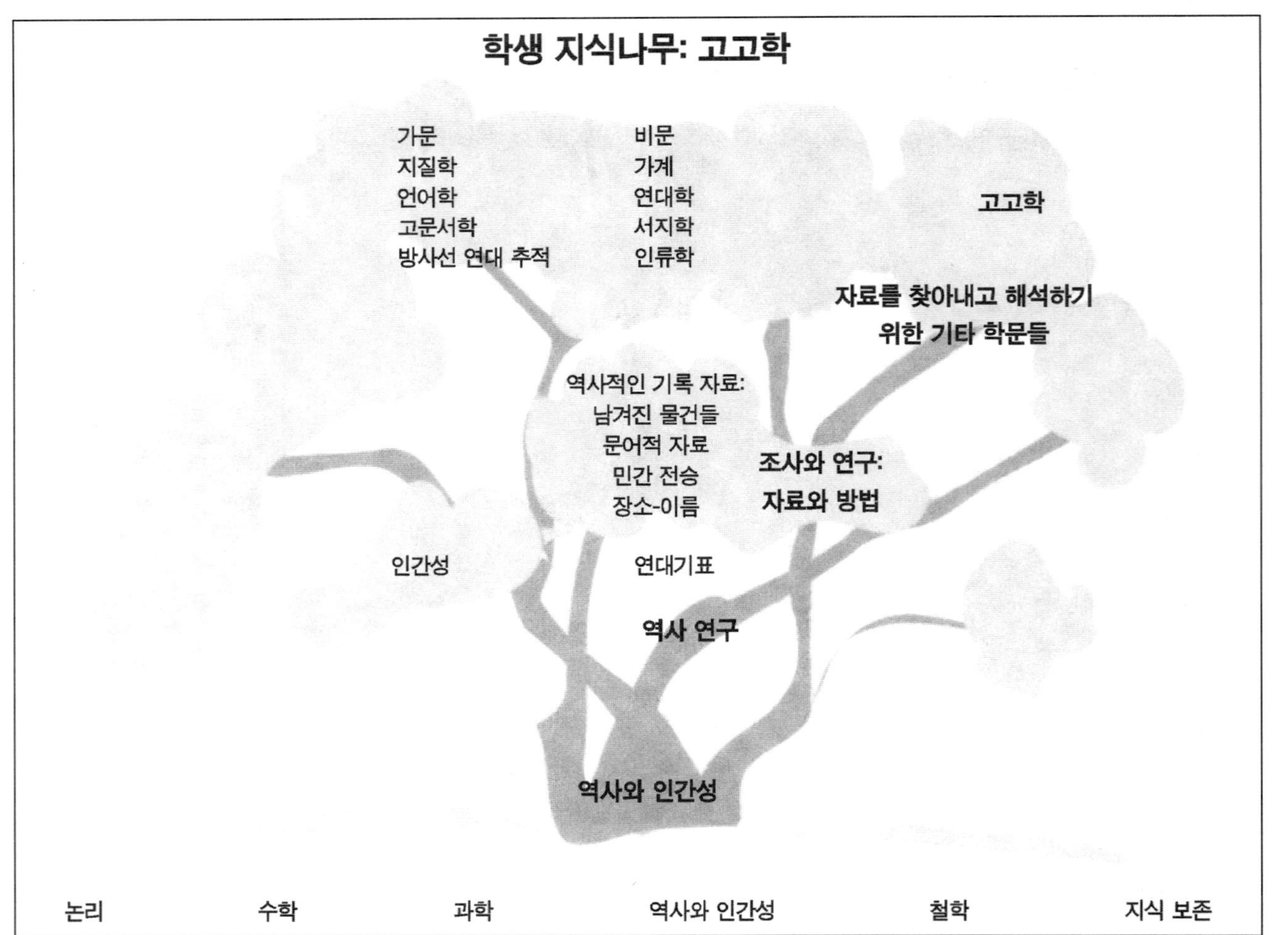
학생 지식나무: 고고학
가문
지질학
언어학
고문서학
방사선 연대 추적
비문
가계
연대학
서지학
인류학
고고학
자료를 찾아내고 해석하기
위한 기타 학문들
역사적인 기록 자료:
남겨진 물건들
문어적 자료
민간 전승
장소-이름
조사와 연구:
자료와 방법
인간성
연대기표
역사 연구
역사와 인간성
논리
수학
과학
역사와 인간성
철학
지식 보존

[도표 3.4] 학생 지식나무.

개발하였다. 가일은 학생들과 어릴 적 이야기를 함께 공유하면서 단원을 시작하기로 하였다.

> 어릴 적에, 나는 뉴잉글랜드에 있는 한 오래된 집에서 살았다. 집의 일부는 남북전쟁이 일어나기 전에 지어진 것도 있고 놀기엔 안성맞춤인 구석과 벌어진 틈이 많았다. 그러나 이 집에서 가장 호기심을 일으키는 것은 비밀 계단창고이다. 들어가기 전에 두 번째 바닥에서 부엌 쪽으로 있는 세 번째 계단은 더 넓다. 여기 위는 옷장이고 부엌 냉장고는 벽 반대쪽에 있다. 이것을 발견했을 때, 나는 완전히 매혹당했다. 왜 만들었을까? 왜 집안 식구들은 벽을 파고 이 옛날 계단을 찾으려고 하지 않을까? 확실히 안에 무언가가 있을 거야. 어떤 사람이 옛날 신문, 동전, 연장 등을 넣어 두었을 거야.
>
> 나는 결코 안으로 들어갈 수 없었지만, 몇 년 동안 계속 몽상에 사로잡혔다. 그리고 접근이 불가능한 곳-나의 상상세계에 이 귀중한 생각을 묻었다.

이 때, 가일은 오래된 상자를 꺼내서 주의 깊게 들고 교실 안을 돌아다녔다. 그것은 오래된 상자지만 학생들은 가일의 얼굴을 쳐다보고 상자를 부드럽게 만지는 손을 보면서 몽상에 잠긴다. 가일은 그리고 이야기를 계속한다:

> 어릴 때, 나는 오래되고, 흉한 나무로 된 보석상자를 샀다. 나는 색유리를 꺼내고 보물 상자처럼 이것을 금박이 입혀진 상자에 넣었다. 가을에 나는 헛간 뒤 오래된 돌계단에 이 상자를 묻었고 봄이 되어 꺼낼 때까지 기다렸다. 고고학적 경험? 나는 그렇다고 생각한다.

고고학에 대한 개인적인 경험을 나누고 헛간 뒤에 묻어두었다는 오래된 상자를 보여주는 것 외에, 가일은 학생들에게 옛날에 갖고 있었던 예술품을 비교하고 대조해 보도록 하였다. 잭은 화살촉 수집에 대해 이야기를 하였다. 6학년인 케롤은 사진 등을 넣어 목에 걸 수 있는 작은 금속 상자에 대해 이야기를 했다. 이것은 원래 할머니의 것으로 안에 할머니의 사진과 엄마의 어릴 적 머리카락이 있다. 가일은 다음과 같은 질문을 하였다. "다른 시대의 학생들도 똑같이 예술품을 가질 수 있는가?" "학생들이 보물을 가질 수 있는가?" "이 보물을 통해서 문화의 어떤 면을 알 수 있는가?"

이제 학생들은 가족을 인터뷰하고 다락과 방을 뒤져서 예술품을 찾아내려고 할 것이다. 가일은 지식나무에 대해 이야기를 해주고 고고학의 기원과 다른 지식분야들이 어떻게 고고학과 연관되는지 보여주었다. 학생에게 참고할 수 있도록 학생용 지식나무를 복사해 주고 고고학에 대해 알고 있는 것에 대해 브레인스토밍 하도록 하였으며, 이전에 경험한 것과 알고 있는 것을 체크하게 하였다. 가일 교사는 고고학이 단지 신기하고 오래되어 보이는 것을 단순히 발굴하는 것이 아니라는 사실을 이해시키기 위해서, 발굴에 대한 신문기사를 모아두었다가 학생들이 서로 함께 이야기할 내용을 선택하게 하였다. 또한 학생과 함께 신문기사 및 세계지도를 게시판에 전시하여 고고학과 관련된 단어, 고고학자, 정의 등을 살펴보았다.

고고학자가 하는 일을 알려주기 위해, 가일 교사는 고고학자인 루벤 멘도자(Ruben Mendoza)의 비디오 ≪*Meet the Mentor Series*(Scholastic, 1996)≫를 준비했다. 노트르담 대학(University of Notre Dame)에 있는 고고학자를 10분간 인터뷰할 기회를 주선하여 학생들이 질문을 생각하고, 인터뷰를 실시하고, 사진을 찍고, 비디오 녹화를 하게 하였다. 또한 고고학적 지대에 대한 과학적이고 역사적인 관점을 발달시키면서, 고고학자들이 하는 여러 역할에 대해 생각해 보도록 하였다.

이 단원에서, 가일은 캔 포리트(Ken Follett, 1995)가 쓴 『*A place called freedom*』의 서문을 읽도록 하였다. 이 서문에서 주인공은 자기가 구입한 집 근처 땅 속에 묻혀 있었던 한 상자 안에서 철로 된 훈장을 찾아낸다. 이것을 깨끗이 닦고 보니까, 그 속에 새겨진 것을 볼 수 있었다: "이 사람은 조지 제미슨 경의 소유이다, A. D. 1767." 이 서문을 읽으면서, 학생들의 눈은 커지고 "고고학은 하나의 학문이며, 기후, 문화, 생활 모든 것을 기록한 인간적인 면을 가지고 있다"라고 말하게 된다. 가일 교사는 다음의 여러 질문을 던져볼 수 있다: "만약 이 훈장이 말을 한다면, 어떤 것을 말할까?" "어디서 이 훈장에 대한 정보를 얻을 수 있는가?" "이 훈장을 통해 그 시대의 체제에 대해 무엇을 알 수 있는가?" 등.

고고학의 조직, 위치, 정의를 살펴보고, 가일은 그녀 스스로 고고학을 이해함으로써 보다 폭 넓게 이해할 수 있도록 학생들에게 고고학을 소개하는 레슨을 만들었다. 가일은 고고학자가 자신의 분야를 정의하는 방법을 소개하고, 고고학 분야의 일반적인 목적으로 학생을 유도하고, 고고학자가 어떻게 작업을 하고 그들이 추구하는 지식이 무엇인지, 왜 그리고 어떻게 사람들이 고고학에 흥미를 갖게 되는지 이해할 수 있도록 학생들과 개인적 경험에 관련된 이야기를 나누었다. [도표 3.5]는 가일이 작성한 다중메뉴모델 단원계획 중 지식메뉴 섹션 1이다.

섹션 2
기본적인 원리와 개념 파악하기: 학생들이 숲(big idea)을 보도록 돕기

교수단원의 두 번째 차원은 학생들이 공부할 분야의 기본적인 원리와

다중메뉴 모델 단원계획

단원 명: 여러분도 발굴할 수 있다. 고고학 연구(섹션 1: 위치, 정의, 조직) 학년 수준: 여러 연령 가능 6학년–8학년

교수목적과 활동

_×_ **동화와 기억**

학생들은

- 고고학 발굴에 대한 기사를 읽는다. 학생들은 3×5 메모카드에 자세히 기록한다. 그리고 세계지도에서 발굴지 위치를 찾아본다.

_×_ **정보 분석**

학생들은

- 교실에서 함께 공유할 개인적인 예술품을 정한다. 발표 때, 학생들은 이 예술품이 개인적인 문화 (신념체계, 역사적 의의 등)에 대해 무엇을 보여주는지 분석한 것을 제시해야 한다.
- 어휘, 개념, 연구유형과 고고학자의 개인적, 전문적 특성에 대해 파악하고 기록하기 위해 비디오를 분석한다. 학생들은 이들 정보를 학습 일지에 넣어둘 수 있다.
- 인터뷰를 계획한다. 인터뷰 내용은 학생과 교사가 중요하다고 생각하는 범주에서 질문을 만든다. 학생들은 인터뷰 내용을 기록할 기록 용지를 만든다.
- Ken Follett의 A place called freedom을 읽고, 예술품이 그 시대에 대해 무엇을 나타내는지 조사한다. 즉, 문화 내 신념 체계 등. 그리고 하나의 정보원이 다른 문화 및 전체 문화에 일반화할 정도로 충분한 증거를 제공하고 있는지 의문을 제기해 본다.
- 교실활동에서 학습한 것을 설명하거나 시각적으로 보여줄 수 있도록 만들어 본다. 학생들은 이해한 것을 글로 써본다. 또한 문화, 신념체계, 예술품, 습관 등과 그들과의 관계에 대해서 교사가 만든 저널을 검토해 본다.

_×_ **정보합성과 적용**

학생들은

- 연설자 초대를 계획하고 준비한다. 학생이 만든 최종 신문을 통해 전문가 및 여기서 얻은 지식을 함께 공유한다.

___ **평가**

교수책략

_×_ 강의
___ 단순 반복
___ 또래 교수
_×_ 토론
___ 프로그램화된 교수
_×_ 역할 놀이
___ 시뮬레이션
___ 모방한 보고서나 프로젝트
___ 문제기초
___ 지침이나 지침 없는 독립연구
_×_ 기타: 이야기하기

교수 산출물

구체적인 산출물

_×_ 예술적
_×_ 무대공연
_×_ 구어적
_×_ 시각적
___ 모델/구조물
___ 리더십
_×_ 문어적

추상적인 산출물

_×_ 인지발달
_×_ 정서적

레슨 게시판

고고학에 대한 흥미를 유발하고, 지식나무의 기본적인 정보를 소개하고, 고고학에 대한 학생의 사전 지식을 파악하고자 다음 활동들을 만든다.

1. 단원을 소개할 때, 고고학 단원에 대한 흥미 학습센터에 전시되어 있는 예술품과 참조자료가 있는 교실 뒤쪽에 학생들을 소집한다. 예술품을 만져보게 하고 그것이 무엇으로 사용되었는지, 어디에서 나왔는지 추측해 보고 예술품이 갖는 역사적 중요성에 대해 가정을 설정해 보게 한다.
2. 뉴잉글랜드 집에 대한 생생한 이야기를 공유한다. 학생들을 책상으로 돌려보내고 학생이 볼 수 있는 곳에 보물상자를 놓는다. 예술품을 보여주고 다음의 질문을 던진다: 다른 시대의 학생들도 유사한 예술품을 가질 수 있는가? 학생들도 보물을 가지고 있을 수 있는가? 이 예술품이 이야기해주는 것은 무엇인가? 보물을 통해 문화에 대해 무엇을 알 수 있는가?
3. 단원을 개괄하고 고고학 이야기를 끝내면서 지식나무를 토론과 연관지어 제시한다. 도시, 문화 혹은 문명이 소멸될 수도 있다. 고고학은 인류가 남긴 것을 통해 설명하는 이야기이다. 이들 예술품을 통해, 고고학자들은 본래 인류의 여러 가지 면모를 알 수 있다. 그러나 예술품을 해석해야 한다. 즉, 예술품의 목적, 기능, 그리고 인류 전체 파노라마적 연구가 갖는 위치에 대한 이해를 통해서 가능하다.

*** (뒷면에 계속)

예술적 수정

- "뉴잉글랜드 집에 대한 생생한 이야기와 숨겨진 보물찾기
- 고고학 책, 기사, 참고 문헌, 비디오 수집품을 이용하여 학생 연구에 사용하기

학생 연구문제

1. 고고학이란 무엇인가?
2. 어떻게 문화가 예술품을 통해 나타나는가? 어떻게 문화적 예술품이 문화적 지식을 보여주는가?
3. 역사적 사실을 어떻게 조사연구하고, 연역적, 귀납적 유추가 고고학 연구에서 어떤 역할을 하는가?

평가

_×_ 산출물 평가
_×_ 인터뷰/관찰
_×_ 저널
_×_ 학습일지
___ 무대공연 평가
___ 구어적 평가
___ 다중 선택
___ 에세이
___ 기타

참고 자료/지역사회자원

- "Meet the Mentor" 비디오테이프
- A Place called Freedom (저자 Ken Follett)
- 고고학 발굴에 대한 기사파일
- 노트르담 대학 고고학자

[도표 3.5] 교사 가일이 작성한 지식메뉴 섹션 1의 다중메뉴 단원 계획 (계속됨).

4. 집에 있는 예술품 중에 특히 흥미 있는 것이 있는지 물어본다. 학생들은 말로 예술품 이야기를 만들어 본다. 이 말로 하는 발표에 무엇이 포함되어야 하는지 적어놓은 지침서를 나누어 준다. 다음에 다시 학교에 왔을 때, 5개 그룹으로 나눠서 20개 질문 놀이를 하여 왜 예술품이 주인에게 개인적으로 중요한지 추측해 본다. 또한 예술품의 기능, 목적 및 위치에 대해서도 추측한다.
5. 학생을 두 그룹으로 나눠서 고고학 발굴에 대한 신문기사를 읽게 한다. 학생들은 발굴 내용을 자세히 정리하고 요약한다 (어디서 발굴했는지, 발굴한 날짜, 학생들이 이해한 내용 등을). 학생들은 3×5 메모 카드에 요약한 것을 적고, 단원 학습 중에 사용하는 게시판에 붙여놓는다. 또한 세계지도를 놓고 발굴 지역을 확인한다. 고고학 발굴이 단순히 오래되고 신기해 보이는 장소뿐 아니라 우리 집 뒷마당과 최근의 지역에서도 발굴이 가능함을 밝힐 수 있도록 토론을 실시한다.
6. 그리고 나서 "Meet the Mentor"라는 비디오를 보고, 고고학자 루벤 멘도자가 실시한 작업 유형을 파악한다. 고고학 저널에서, 학생들은 고고학자의 작업을 묘사해 놓은 정보를 기록하고 작업활동 때 사용하는 기술, 고고학 분야를 이해하는 데 도움이 되는 목록 및 정의에 대한 것도 적어놓는다. 멘도자가 언급한 고고학자의 특성과 자질유형에 대한 증거도 비디오에서 찾아본다. 여기서 얻은 정보를 서로 나누면서, 학생들은 고고학적 원리, 개념 및 연구방법을 더 깊이 이해하게 되며 이러한 정보를 다듬어 첨가한다.
7. 고고학을 더 연구하기 위해, 노트르담 대학의 실제 고고학자에게 의뢰하여 교실 강연을 주선한다. 학생들은 이벤트를 준비하고, 강연 이벤트 동안 서로 역할을 분담하여 활동한다. 모든 학생들은 고고학에 대해 새로운 것과 고고학에 관련된 다른 여러 가지도 배울 수 있도록 인터뷰 질문을 준비한다. 이벤트 동안 학생들이 담당할 역할은 비디오 녹화, 사진촬영, 이벤트 홍보, 신문기사에 실을 설명 혹은 인터뷰 사회자 등이 있다. 이 이벤트를 학생들이 계획하도록 하고, 그들이 할 역할을 선택하고 흥미를 갖게 한다. 어떻게 이벤트를 진행할지 모든 사람이 알 수 있도록 문서로 작성한다.
8. Ken Follett가 쓴 A Place called Freedom의 서문을 복사하여 나누어 준다. 이것을 읽은 후에, 친구끼리 이 서문을 설명해 보도록 하며 여기서 드러나지 않았지만, 고고학자들이 사용하는 역사적, 과학적 사고유형을 알아보도록 한다. 학생들은 고고학자들이 사용하는 사고기술을 확인하면서, 왜 그리고 어떻게 사고를 통해 예술품을 확인하고 설명하는지 기술하도록 한다. 그 외에, 학생들은 훈장이 누구의 것인지, 그리고 예술품이 이 특정한 역사적 시기 동안 신념체계에 대해 무엇을 보여주는지 조사한다. 그리고 이들 신념체계들을 전체 역사에 일반화할 수 있는지 서로 토론한다.
9. 학생들은 이들 도입 학습활동에서 얻은 경험을 다시 생각해 보고 (고고학에 대해 무엇을 알게 되었나), 이해한 바를 게시판에 붙일 수 있도록 문장으로 적는다. 단어 정의, 개념 (예술품, 신념체계, 문화) 및 그들 간의 관계를 이해하고 있는지 살펴보기 위해, 학생들은 또한 설명서나 그래픽을 사용하여 저널을 만들어 본다.

[도표 3.5] 교사 가일이 작성한 지식메뉴 섹션 1의 다중메뉴 단원 계획.

개념을 선택하고 파악하는 것이다. 모든 지식 분야는 기본적인 원리와 핵심개념으로 구성되며, 이를 통해서 그 지식의 본질이 대표하는 것을 이해하고 정보를 처리하고 정보를 교환할 수 있다. 원리와 개념은 연구 영역을 정의하는 주제, 패턴, 주요 특징과 계열 및 구조로 구성된다. 이들 원리와 개념은 여러 하위분야에 적용되지만 본래 하위분야에는 독특한 몇 가지 개념이 있다. 이들 독특한 개념으로 인해 하위분야들이 영역으로서 개별 정체성 및 독자적인 영역을 설정하게 된다.

기본적인 원리는 일반적으로 연구와 조사를 통해 합의를 얻은 진리로서, 원리들은 개념들의 관계로 진술되며 많은 정보를 정확하게 요약할 수 있다[도표 3.6]. 또한 잠재적으로는 여러 상황에 적용할 수 있는 정보를 제공한다. 이들 원리들은 "지속적인 진리(Enduring Truth)"라고 볼 수 있으나, 새로운 증거가 나타날 경우엔 수정될 수 있다. 원리는 사실적이며 구체적이고(예: 생존하기 위해, 문명은 각 사람의 기본적인 생물학적 요구를 충족시켜야 한다: 음식, 물, 그리고 의술 등) 또한 때로는 추상적이고 여러 측면에서 해석이 가능하다(예: 각 문화는 독자적인 방식으로 물리적 환경을 보기 때문에 서로 다른 방식으로 이용한다). 교사는 교육과정 단원의 조직적인 틀로서 진술을 사용할 수 있다. 원리를 통해, 학생들은 교과라는 "큰 숲"을 조사할 수 있으며, 교사는 가르칠 핵심 내용을 파악할 수 있다. 교사가 이들 원리들이 단원의 핵심적인 조직체임을 주의 깊게 고려할 때, 학생들에게 그들의 생활과 학습내용의 관련성을 보다 잘 설명할 수 있다.

기능적 개념(functional concept; Ward, 1960)은 전문가들이 사용하는 지적인 도구 혹은 기구이다. 여러 면에서, 학자들이 서로 정확히 의사소통할 때 사용하는 어휘 혹은 기구로서 개념을 정의할 수 있다. 개념은 어떤 영역에 대한 정보를 명명하고 이해하도록 돕는 강력한 조직체이다. 사실이 특별한 상황에 제한된다고 한다면, 개념은 폭넓게 여러 조건에 적용 가능하다. 기능적 개념을 파악하는 가장 좋은 방법은 교사 지침서에 굵은 글씨로 씌여진 것 혹은 용어 사전을 찾아보는 것이다. 원리처럼, 대개 기능적 개념의 뜻에 대해서도 학자들 사이에 일반적인 합의가 있다. 원리와 개념을 교육과정 연구의 중심점으로 삼음으로써, 특히 정보를 한꺼번에 조직할 수 있다[도표 3.6]. 따라서 이렇게 한꺼번에 조직된 정보는 이해 및 참여하기 쉽고 여러 다양한 교과들 간의 연계성을 잘 보여준다.

브랜드웨인(Brandwein, 1987)의 제안을 살펴보면, 교육과정을 개발할 때, 경험을 추구하고, 인식하고, 가치롭게 여기는 계획 혹은 구조를 만들어야 한다. 개념을 조직적인 참조의 틀로 생각하는 것과 관련하여 정확히 계획하고 구조를 만들었다면, 교육과정은 학생들이 그들의 생활에서 중요하고 유용한 것을 선택할 수 있게끔 도와준다. 브랜드웨인은 더 나아가 특별한 교육과정은 최소한 다음의 세 가지 특징을 가진다고 설명한다:

1. 교육과정은 개념들로 구성되며, 이들 개념은 그 주제의 요소들과 세부항목들을 인식할 때 유용하다.
2. 개념은 조사를 하기 위해 선정된 과정(혹은 양식)을 통제한다.
3. 개념은 (그리고 양식) 학습이 진행되는 동안 다른 개념과 양식을 이끌어낸다.

이론적으로, 이와 같은 과정은 끝이 없다. 브랜드웨인(1987)은 어떻게 단원의 개념적 틀인 개념과 원리를 다양성, 비교 및 대조, 그리고 탐색과 발견을 고려할 때 사용할 수 있는지 설명한다.

분야	기본 원리	개념	학생 조사
정치학	사회는 의사결정을 내리고 사회 구성원에게 사회적 규제를 부과하는 권위체계를 세운다.	민주주의, 독재, 전체주의, 관료주의, 신권주의, 평등, 권력의 분배 및 자유	다양한 정부 형태는 무엇인가? 누가 법규를 결정하는가? 누가 이 법규를 부과하는가? 여러 정치체계 내에서 의사결정 과정은 무엇과 같은가? 여러 정치체계에서는 자유를 어떻게 보는가?
신화학	시대에 걸쳐서, 인류는 신화를 사용하여 설명할 수 없는 것을 설명해 왔다.	현상, 유추, 신념, 이야기	왜 신화를 만드는가? 어떻게 신화가 설명할 수 없는 것을 설명하는가? 언제 신화가 설명력을 잃는가?
지리학	혁신과 변화로 인해 어떤 장소에 접근할 수 있게 되었고 또 그 장소가 살기에 적합한 곳이 될 수 있다.	혁신, 공간분포, 밀도, 문화적 전이, 지역	어떤 변화가 이 지역에 영향을 미쳤는가? 이 지역사회가 다른 지역사회와 어떻게 다른가? 지역과 위치가 혁신과 변화에 영향을 미치는가? 좋은 지역에 산다는 것은 무엇을 뜻하는 것인가? 어떻게 이러한 의사결정을 내렸는가?
지도제작법	지역마다 환경과 문화적 특징이 다양하다.	상대적 · 절대적 위치, 경도, 위도, 본초 자오선, 적도, 환경적 상호작용, 문화	어떻게 지역이 환경적 · 문화적 특징에 영향을 미치는가? 문화적 특징은 지역과 장소에 의해 형성되는가? 어떤 지질학적 특성이 지역 발달을 방해하는가?
사회학	모든 사회는 그 사회 개개인의 행동을 지배하는 역할, 규범, 가치, 그리고 규약 체계를 발전시킨다.	역할, 가치, 지각, 갈등, 규범, 차별, 편견	사람들 사이의 차이점을 설명하는 것은 무엇인가? 서로 다른 문화가 공통적으로 가지고 있는 요소는 무엇인가? 어떻게 역할, 규범, 가치, 그리고 규약이 행동을 지배하는가? 여러 사회가 그 구성원의 행동을 지배할 제도를 개발하는 것이 가능한가?
역사	한 문화의 역사는 현 생활의 사고와 행동을 이해하도록 방향을 제시한다.	변화, 연속성, 연대기학, 문화	무엇이 문명의 붕괴를 야기하는가? 어떻게 전통, 신념, 태도가 문화를 규제하는가?
세포학	세포는 모든 살아 있는 유기체의 기본 단위이다.	단세포, 다세포, 특성, 유전, 유사분열, 구조, 기능, 돌연변이, 염색체, DNA	어떻게 세포가 재생되는가? 단세포와 다세포 유기체의 다른 점은 무엇인가?

[도표 3.6] 기본적인 원리, 개념 및 학생조사의 예 (계속됨).

분야	기본원리	개념	학생 조사
생물학/ 생태학	유기체의 행동 패턴은 다른 유기체의 종류와 숫자, 그리고 음식과 자원의 유용성 등을 포함하여 유기체가 사는 환경 속성과 관계가 있다. 환경이 달라지면, 어떤 식물과 동물은 살아남고 재생산하지만 어떤 것은 죽고 새로운 곳으로 이주한다.	생물의 다양성, 상호의존성, 공생, 이주, 동면, 본능, 항상성, 상호부조론, 돌연변이, 적응	어떻게 유기체가 불리한 환경조건에서 생존하는가? 유사한 유기체가 자원을 놓고 경쟁할 때 무슨 일이 생기는가? 모든 유기체는 유사한 방식으로 적응하는가? 어떤 유기체는 보다 낳은 적응 기술을 갖고 있는가?
천문학	하늘에 있는 대상은 움직이는 패턴을 가진다.	그림자, 주기, 순환, 자전, 공전	그림자는 왜 생기나? 왜 그림자의 길이가 달라지는가? 왜 여름과 겨울이 다른가? 겨울이 지나 봄이 되면 어떤 변화가 생기나?

[도표 3.6] 기본적인 원리, 개념 및 학생조사의 예.

지식은 어떤 의미에서 유기체이다: 그것은 성장한다. 예를 들어, 사회집단 간 상호작용, 시장경제, 그리고 국제적 갈등해결 등과 같은 사회과학의 주요 개념(개념적 주제)이 있다. 물론 부차적이고 점차 작아지는 개념도 있다. 사회적 상호작용에는 집단, 가족, 지역사회, 리더십, 시민정신과 같은 개념이 포함된다. 시장경제에는 부차적인 개념, 즉 GNP, 무역균형, 재화, 용역, 통화 생산비용과 같은 것이 있다. 이들 개념들을 개념적 언어의 속기로 생각할 수 있다: 개념적으로 문법적인 문장. 따라서 가격, 재화, 용역은 개념적 진술상에서 서로 연결된다: 비규제 시장에서는 재화 및 용역의 가격은 공급과 수요에 따라 결정된다. 위의 진술은 일반적인 사실이다. 또한 과학에서도 주요 개념(개념적 주제)이 있다: 생물, 물질, 에너지, 상호독립성, 연속성. 인문학에 관해서도 진실, 미, 공정, 사랑, 신뢰들이 있다. 이것들은 교사들이 직접적으로 파악할 수 있는 용어로 진술된다. 그러나 물론 아동들의 이해와 언어는 다르다(p. 36).

그 외에 브랜드웨인은 주제에 초점을 두고 개발하는 교육과정과 개념적 아이디어 중심으로 개발하는 교육과정의 차이점도 설명한다:

> 개념은 다양한 경험과 지적인 내용을 열어 놓는다. 개념은 분석과 합성을 이끌어낸다. 개념이 아닌 백과사전식 주제가 바로 비융통적이며 계열 상에서 제약을 받는다. 주제는 "강의"를 통해 전개될 수 있으나, 개념은 "찾고" "파악"해야 하는 것이다. 사람들은 어떤 주제를 "끝낼" 수 있지만 개념은 계속 성장한다. 사실 역사 및 경제학을 가르칠 때, "다루어야" 하는 지식체를 비융통적으로 언급하기 때문에 주제 계열이 매우 경직되어 있다. 반면에 개념적 계열은 다양성, 비교와 대조, 탐색과 발견을 고려하므로, 개념은 독특한 조사 양식 안에서 부과되는 문제의 다양성에 따라 좌우된다(p. 36).

본 지식메뉴 섹션에서, 교육과정 저자들은 어떤 기본원리와 기능적 개념에 초점을 두고 단원을 개발할 것인지 결정해야 한다. 교사는 스스로 교육과정개발 과정을 시작할 때 다음의 질문을 던져야 한다: "무엇을 이해하도록 가르칠 것인가? 문화에 대해 무엇을 학생에게 가르치고 싶은가?" 이 원리와 개념을 선택한 후에, 교육과정 저자는 개념 뒤에 숨어 있는 아직 학생들이 모르는 것을 학습경험으로 만들 수 있다. 학습경험을 통해 학생들은 탐색하고, 발견하고, 조사하고, 질문하고, 원리와 개념을 조사하도록 동기를 부여해야 한다: 인위적인 방식으로 개념을 진술하고 다뤄야 한다는 것이 아니다. 학생들이 교과의 원리와 개념을 이해하도록 단원을 개발함으로써, 학생들이 이해한 바를 다른 주제 및 다른 교과에 적용하고 전이하도록 돕는다.

가일의 여행: 고고학 원리와 개념 탐색

가일 교사는 지식메뉴 두 번째 섹션을 준비하면서, 오래된 대학 교과서 한 무더기를 가져다 놓고, 국립 사회과학 내용기준 협회(National Council for the Social Studies content standards, NCSS, 1994)를 연구하고 고고학자의 작업을 읽어보았다. 주의 깊게 학생의 연령수준과 가르칠 단원 시간을 생각한 후에, 가일은 교수 단원에서 초점을 삼을 만한 여러 원리와 개념을 선택했다[도표 3.7]. 학습경험의 계열을 세워서, 아직 학생들이 모르는 개념과 아이디어를 발견하도록 돕고, 다른 관련 주제에 이들 개념과 아이디어를 적용하는 상황을 만들었다(예: 고대 문명, 미국 역사 등). 단원을 나가면서, 가일은 학생들이 고고학

고고학

원리
- 시간을 통해, 인간은 공통적인 문화적 특징을 공유한다.
- 인간은 미술품에 그들의 공통적인 문화적 증거를 남긴다.
- 과거는 문화가 남긴 미술품을 연구함으로써 밝혀진다.
- 고고학은 과학자와 역사학자들이 연구방법을 사용해서 과거에 공유한 것을 자세하게 재구성하는 이야기이다.

개념
- 미술품
- 해석
- 문화
- 관점
- 보존
- 발굴
- 문서적 증거
- 일차 및 이차 자원
- 전통
- 단층학
- 문화적 변화

[도표 3.7] 가일이 단원에서 강조한 고고학 원리와 개념.

자의 눈으로 분석할 문명을 선택하길 기대했다.

학생들과 예술품이 갖는 중요성을 서로 이야기하고 고고학 지대에서 지켜야 할 고고학적 윤리들을 보여주는 경험을 학생들과 공유함으로써 예술품의 개념을 소개하였다.

> 11살이었을 때, 나는 부모님과 함께 유럽에 가서 처음으로 발굴지역에 갈 수 있었다. 성 베드로 성당 밑에 있는 고대 로마 카타콤보에 가는 특별한 여행을 할 수 있었다. 햇빛이 내리쬐는 매우 아름다운 날이었다. 공기는 따뜻했다. 도시는 사람들이 말하고 웃고, 차들이 울려대는 경적소리로 가득했다.
>
> 여행 가이드가 우리를 성 베드로 성당으로 안내했을 때 세상은 조용하고 적막에 쌓인 듯했다. 계단 밑으로 내려갈 때 점점 추워지고 떨리기 시작했다. 추운 날씨는 아니었다. 이곳에는 무언가 특별한 것이 있었다. 아마 오래 전에 이 길을 지나간 모든 사람이 있었을지도 모른다. 이곳은 그들에게 마지막 휴식지였다.
>
> 내 기억으로 긴 홀을 계속 내려갔다. 발자국 소리, 엄마의 구두소리, 나의 샌들이 끌리는 소리 등을 들을 수 있었다. 나는 아빠를 쳐다보았다. 아빠의 얼굴은 새빨갛게 되었다. 카타콤보에서 나오는 빛이 아니었다. 그것은 아빠 속에서 나오는 빛이었다. 나는 역사 앞에 서 있다고 생각했다.
>
> 나는 더듬거리다가 무언가 딱딱한 것 위로 넘어졌다. 아래를 보니 대리석 조각이 있었고, 아마 어떤 것은 무덤의 조각이었을지도 모른다. 나는 하나를 집어들었다. 너무 차가왔다. 거기에는 무언가 새겨져 있었다. 나는 무엇인가 새겨 넣어서 이곳을 아름답게 만들려고 혹은 그들의 아버지를 누일 곳을 만들고 있는 가족을 떠올렸다.

> 나는 그것을 주머니 속에 넣었고 부모님을 따라잡으려 달려갔다. 내가 가지고 있는 것을 부모님께 보여드리지 않았다. 내 생각으로 부모님은 아마 그것을 돌려놓으라고 그러셨을 것이다. 그러나 미국으로 돌아왔을 때, 그것을 아빠께 드렸다. 나는 아빠 얼굴에 떠오르는 빛을 또 볼 수 있었다. 지금까지 아빠는 책상 위에 그 대리석 조각을 올려놓고 계시다. 아빠 말로는 그것이 나를 생각나게 하고 함께 로마에 갔을 때를 생각나게 한다고 하신다(가일은 모든 학생에게 보여주려고 조각된 대리석 조각을 집어든다). 가일은 내 손 안에 고대 시대의 예술품, 한 소녀의 사랑의 상징, 그리고 고고학적으로 저지른 잘못에 대한 증거를 들고 있다고 조용히 말했다.

학생들에게 자신의 행동에 대한 결과와 다음의 질문을 생각해 보게 하였다: "1950년대 발굴과 1990년대 발굴에는 어떤 시간적 차이가 있을까?" "오래 전에는 사용되지 않았지만 지금은 주의를 기울여서 사용하고 있는 것은 무엇인가?" 그리고 "어떻게 이 미술품을 통해서 고고학자들은 과거사를 알 수 있는가?"

이 토론 후에, 학생들은 그룹으로 문명이 역사를 기록하기 위해 남겨 놓은 문화적 유물의 유형이 갖는 중요성에 대해서 일반화해본다. 가일은 다시 질문한다: "미래 세대가 그들의 역사를 알고 예술품이 본래 누구 것인지 알 수 있도록 하는 문화적 유물로는 무엇이 있는가?" 가일은 학생들이 이 질문에 대해 생각해 보고, 20세기 지역사회 역사를 나타내기 위해 남겨 놓을 수 있는 미술품의 목록을 작성하고, 이들 미술품이 어떻게 사용되었는지 설명하게 한다. 각 항목을 확인한 다음, 교사는 미술품 목록을 범주화하고 개념적/범주별로 라벨링한다. 그리고 나서 그들의 생각에 대해 서로 이야기 하고 가일은 칠판에 범주를 적는다(종교적 신념과 실제, 정부, 가족, 규칙, 기술, 음식, 은신처, 옷, 언어, 미술, 음악, 드라마 및 게임과 여가). 가일은 학생들에게 어떻게 문화적 유물이 문명에 대해 알려주는지 그리고 이 이야기를 통해, 무엇을 얻을 수 있는지 질문한다.

다음 활동으로, 가일은 크고 안에 무엇인가 딸랑 거리는 상자를 보여주고 상자 안에 무엇이 있는지 알아보기 위한 질문을 생각해 보도록 하였다. 한 학생에게 학생들이 말하는 질문들을 목록으로 적게 하여 다음 활동에서 이 목록을 활용한다.

- 어디서, 언제 이 물건이 만들어 졌나?
- 장식이 있는가?
- 그것은 열리고 닫히나?
- 무슨 재료를 사용하여 만들었나?
- 어디서 이것을 찾을 수 있나? 더 큰 것의 일부인가?
- 그것을 사용하는 사람에 대해 무엇을 말해 줄 수 있나?
- 그것은 우리보다 더 오래된 것인가? 부모님보다? 조부모님보다?
- 그것을 어디에 비교할 수 있는가?

예술품 개념을 더 잘 파악하도록 하기 위해, 가일은 30개의 이상한 한 손에 쥐기에 충분한 크기의 물건을 학생들에게 주고 앞에서 말했던 질문목록을 이용하여 이 물건을 조사하게 하였다(옛날 물건을 파는 가게의 주인과 손님의 도움을 얻어 학생들과 정보를 나눌 만한 물건을 골랐다). 그 다음, 학생들은 고고학자의 작업과 비교하고 이들 미술품이 문화에 대해 무엇을 이야기해 주는지 찾아낸다.

단원을 개발하는 중에, 가일은 또한 여러 시뮬레이션을 만들어, 고고학자가 발굴지에서 사용하는 조사기술을 적용하게 하였다. 깡통 시뮬레이션에서, 학생들은 깡통 안에 들어 있는 주인이 누구인지 모르는 예술품을 관찰하고 분석하였다. 그리고 관찰에 근거하여 그 주인에 대해 결론을 내렸다.

고고학자들이 종종 역사가와 탐정처럼 생각해야 한다는 사실을 이해시키기 위해, 가일은 아이브어 노엘 흄(Ivor Noel Hume, 1996)이 쓴 『*In search of this and that: Tales from an archeologist's quest*』를 소개하였다. 이 책의 실제 고고학적 모험 이야기는 학생들로 하여금 토론하고 깊게 생각하도록 자극하였다. 가일은 『*A night remembered: Tainted by the smoke of scandal*』이라는 이야기를 선택하여 고고학자가 1885년 피난처에서 발생한 화재의 원인을 어떻게 찾아내는지 소개하였다. 그리고 100년이 지난 지금에 경찰관이 범죄의 단서를 파악하는 방식 그대로 고고학자가 과거를 재현하는 데 예술적 증거를 어떻게 사용하는지 살펴보았다. 예술품과 일차, 이차적 자료문서를 사용하여 고고학자는 이야기를 펼쳐나가고 화재에 대한 온갖 소문과 생각들을 진정시킬 수 있었다.

교수단원의 섹션 2, 기본적인 원리와 개념에서, 가일은 일련의 활동을 만들고, 문서화된 자료를 사용하여 고고학자들이 어떻게 과거의 이야기를 알아내고, 예술품을 통해서 문화를 밝혀내는지 알도록 하였다. [도표 3.8]은 지식메뉴 섹션 2의 다중메뉴 단원계획이다. 이제는 학생들이 어떻게 실제 고고학자들이 사용하는 연구방법을 적용해야 하는지 생각할 단계이다.

섹션 3
방법론에 대한 지식: 실제 전문가처럼 활동하기

세 번째 교수단원 섹션은 특히, 특정 분야에서 공통되는 연구 기반 질문을 탐색하는 교수활동을 고안하는데 초점을 맞춘다(예: 식물연구, 식물학자의 방법과 절차를 사용하는 활동). 두 가지 유형의 방법이 있

다: 일반적인 것과 특별한 것. 실제 연구자가 사용하는 첫 번째 유형은 연구자가 궁금한 의문점에 답을 찾고 연구자가 자신의 연구분야에 기여하려고 할 때 사용하는 연구방법에 관한 것이다. 비록 이들 방법들이 교과에 따라 다양하지만, 일반적으로 [도표 3.9]에서 기술한 것과 같은 조사절차를 따른다. 일반 대학수준의 교과서들을 사용해서 서로 분야들이 어떤 위치로 관계되는지 알 수 있지만, 연구방법론에 대한 정보를 얻기는 사실상 드물다. 그 결과, 교사는 포괄적인 방법론에 대한 책(예: 과학 실험하는 방법, 구전역사를 수집하는 방법 등)을 수집하여 학생들이 실제 특정 분야의 방법론에 대한 지식을 획득할 수 있도록 돕는다(부록 D 참고). 다른 유용한 정보원으로 대학 수준의 교과서에 수록되어 있는 실험 지침서들이 있다.

다중메뉴 모델 단원계획

단원 명: 여러분도 발굴할 수 있다. 고고학 연구(섹션 2: 기본원리와 개념) 학년 수준: 여러 연령 가능 6학년–8학년

교수목적과 활동

_×_ **동화와 기억**
학생들은
- Ivor Noel Hume의 책 In search of this and that 을 읽고 고고학 연구의 중요한 기여점을 파악한다.
- 비디오테이프와 인터넷으로 정보를 찾는다. 학생들을 격려하여 게시판에 게재할 발굴지역에 대한 기구 및 흥미 있는 절차를 기록하게 한다.

_×_ **정보 분석**
학생들은
- 발굴지에서 예술품을 채취하는 것에 대해 찬반 토론과 논쟁을 한다. 학생들은 예술품을 채취할 때 생기는 윤리적 문제를 생각할 수 있다.
- 문화를 보여줄 수 있는 예술품을 분류하고 라벨링한다. 학생은 이들 범주를 사용하여 다중메뉴모델의 섹션 4에서 할 연구활동에서 활용한다.
- 예술품에 대한 정보를 나타낼 수 있는 여러 질문을 만든다. 학생들은 다중메뉴모델 섹션 3, 발굴지에서 이들 질문들을 사용할 것이다.
- 역사적 문서에서 얻은 데이터를 외삽하고 고고학 연구에 적합한지 토론한다.
- 발굴지에서 예술품을 채취하는 방법을 살펴보기 위해 실험을 고안하고 관찰한 것을 기록한다. 학생들은 발굴 동안 사용하는 과학적인 장비에 대한 정보를 인터넷에서 검색한다.
- 운동장의 규모를 그림으로 나타내는 측정 도구를 사용한다.

_×_ **정보합성과 적용**
학생들은
- 파일로 만들기 위해, 시뮬레이션에서 발표할 예술품에서 찾아낸 데이터를 외삽한다.

___ **평가**

교수책략

_×_ 강의
___ 단순 반복
___ 또래 교수
_×_ 토론
___ 프로그램화된 교수
_×_ 역할 놀이
_×_ 시뮬레이션
___ 모방한 보고서나 프로젝트
_×_ 문제기초
_×_ 지침이나 지침 없는 개별연구
_×_ 기타: 센터, 논쟁, 함께 조사하기

교수 산출물

구체적인 산출물
_×_ 예술적
___ 무대공연
_×_ 구어적
_×_ 시각적
_×_ 모델/구조물
___ 리더십
_×_ 문어적

추상적인 산출물
_×_ 인지발달
_×_ 정서적

레슨 게시판

교수 단원을 소개하는 동안 핵심원리, 개념과 기술에 대한 학생의 이해를 돕고자 다음의 활동을 개발하였다. 학생들은 본 활동에서 이해한 것을 설명·해석하고 적용해야 할 것이다.

1. 성 베드로 성당에서 가져온 것에 대해 이야기 한다. 학생들은 이 예술품을 가져온 나의 행동에 대해 브레인스토밍하고 소그룹으로 다음의 질문에 대해 토론한다. 내 행동에서 잘못된 것은 무엇인가? 만약 내가 지금 이것을 발굴하였다면, 이 경험은 어떻게 달라질 것이라고 생각하는가? 오랫동안 사용하지 않던 것을 사용할 때 무슨 주의 사항이 필요한가? 예술품을 통해, 고고학자들은 어떻게 과거에 대해 알 수 있는가? 이상의 질문에 대해 생각하면서, 대표자를 정해서 학생들은 토론에서 나온 의견 및 문제를 정리하고 보고한다. 학생들은 이 문제에 대해 찬반 토론한다.
2. 소그룹에서 학생들은 문명이 그들의 역사를 기록하기 위해 남겨둔 문화적 유산이 갖는 중요성에 대해 일반화한다. 다음의 간단한 토론 후에, 아래와 같은 질문이 적힌 메모 카드를 나누어 준다. 미래 세대가 과거 역사를 알 수 있도록 남겨 놓은 것으로 무엇이 있는가? 그리고 이들 예술품은 누구 것인가? 오늘날 지역사회의 역사를 후세에 보여주려면 어떤 예술품을 남길지 목록을 작성하게 한다. 이 외에 그 예술품 목록이 갖는 기여점을 찾게 한다.

*** (뒷면에 계속)

예술적 수정
- 성 베드로 성당 여행담
- 예술품, 비디오, 사진 및 역사 기록 등의 개인적인 수집품을 이용하기

학생 연구문제
1. 연구를 실시할 때 어떤 윤리적 결정을 내려야 하는가?
2. 어떤 종류의 예술품이 문화에 대한 정보를 제공하는가?
3. 고고학자가 수학자, 역사가, 지질학자 혹은 과학자처럼 생각해야 할 때는 언제인가?
4. 발굴지를 연구할 때 어떤 유형의 데이터를 사용하는가?
5. 고고학자에게 어떻게 도움이 되는가?

평가

_×_ 산출물 평가
_×_ 인터뷰/관찰
_×_ 저널
_×_ 학습일지
___ 무대공연 평가
_×_ 구어적 평가
___ 다중 선택
___ 에세이
___ 기타

참고 자료/지역사회자원
- In search of this and that (저자: Ivor Noel Hume)
- 고고학 발굴과 발굴된 것에 대한 기사 파일
- 역사학회에서 발간된 자료
- 비디오테이프, CD-롬, 인터넷
- 홍미센터 및 학습에서 이용할 자료

[도표 3.8] 교사 가일이 작성한 지식메뉴 섹션 2의 다중메뉴 단원 계획 (계속됨).

3. 항목을 확인한 후, 학생들은 이 목록을 범주화하고 개념적/ 범주별로 라벨링을 한다. 이들 라벨링을 다른 집단의 것과 비교하고 칠판에 적는다 (가능한 범주로는 종교적 신념 및 실제, 정부, 가족, 규칙, 기술, 음식, 은신처, 옷, 언어, 미술, 음악 등). 이들 문화적 유산을 통해서 문명에 대한 통찰력을 얻을 수 있다고 말한다.
4. 크고, 닫혀져 있는 상자를 올려놓고, 상자 안에 무엇이 있는지 질문을 해 보게 한다. 이들 질문을 녹음하고 한 학생이 내용을 기록한다. 질문은 다음과 같은 것을 포함할 수 있다: 언제 어디서 이 물건이 만들어졌나? 장식이 있는가? 그것은 열리고 닫히나? 무슨 재료를 사용하여 만들었나? 어디서 이것을 찾을 수 있나? 더 큰 것의 일부인가? 그것을 사용하는 사람에 대해 무엇을 말해 줄 수 있나? 이와 같이 질문을 해 봄으로써, 상자 안에 무엇이 들었는지 추측할 수 있다. 고고학자가 조사연구를 할 때 어떤 역할을 하는지 토론하게 한다. 고고학자가 생각하는 질문과 학생들의 것이 어떻게 유사한지 생각한다.
5. 이것을 조사연구에 적용하기 위해, 30개의 이상한 물건을 나누어 준다 (지역사회 골동품 가게에서 찾을 수 있다). 지역사회에서 볼 수 있는 것이라고 말해주지만 위치를 언급하지 않는다. 학생들은 이 예술품을 관찰하고 자세히 기술하고 이것이 무엇인지, 그리고 목적이 무엇인지 추측할 수 있도록 질문을 만든다. 예술품 번호, 예술품 기술, 질문과 추측 4개의 난으로 차트를 만들어 볼 수 있다. 이 활동 다음에, 이 물건을 얻은 가게 주인을 초대하여 예술품에 대한 부가적인 정보를 얻을 수 있다. 학생들은 예술품에 대한 목적과 실체에 대해 알아낸 것을 비교해 본다. 그리고 원래 지역에서 예술품을 발굴할 때 생기는 잠재적인 문제들도 생각해 본다.

교수 센터

본 섹션을 위해, 학생들이 탐색해 볼 수 있는 여러 센터를 만든다. 학생들은 5개의 그룹으로 나뉘어 이 센터를 돌아다닌다. 센터에서, 탐정가, 역사가, 과학자, 지질학자, 그리고 수학자가 사용하는 기술을 적용해서 어떻게 이들 기술과 사고과정이 고고학 연구에서도 사용되는지 생각해 볼 수 있다. 학생들은 학습일지에 다한 과제를 넣거나 학습센터에 붙여놓을 수 있다.

탐정가처럼 생각하기: 고고학자가 경찰처럼 연역적 사고를 하는지 알아보기 위해, "Explosion at the airport"라는 시뮬레이션을 만든다. 5개의 가방을 준비하여 시뮬레이션에 도움이 될 만한 여러 항목을 채운다. 예를 들어, 가죽 가방은 영화 관람표, 여자시계, 형광펜, 빗, 밴드, 동전, 안전핀, 헤어 스프레이, 성냥, 선그라스, 연필, 2개의 짝이 다른 귀걸이, 화장가방, 하드록 카페 핀, 사탕껍질, 두개의 비지니즈 카드 (하나는 인터뷰 날짜가 있는 일간지 목록, 다른 하나는 아파트 방을 찾는 광고), 10대를 위한 광고, 대학교정 지도와 대학서점의 영수증. 다른 4개 가방은 60~70대 노년의 여인, 은퇴한 남자, 군대관련 국제적 사업가, 그리고 세 자녀를 둔 전업주부의 프로파일로 채운다. 센터에 놓아두는 카드에, 지역 비행장에서 발생한 폭발을 설명하는 이야기를 만든다. 비록 아무도 다치지 않았지만, 폭발 장소에서 발견된 5개의 가방을 조사중이다. 경찰에게 용의자 파악에 도움을 제공할 수 있도록 가방 주인공의 특징을 보여주는 프로파일을 만들게 한다. 프로파일을 만든 후에, 이 프로파일과 가방 주인이 누구인지 발표한다. 어떻게 이 시뮬레이션 활동이 고고학자 활동과 비슷한지 질문한다. 그리고 탐정가가 가방 주인공을 결정할 때 사용할 수 있는 과학 실험도 설명하게 한다.

역사가처럼 생각하기: 학생들은 짝을 지어 In search of this and that의 이야기 한 편을 읽고, 친구들과 나눈다. 읽은 내용은 물리적・문서적 자료가 발굴지역에 대해 고고학자에게 어떻게 단서를 제공하는지를 보여준다. "A night remembered: Tainted by the smoke of scandal" 또한 어떻게 옛날 문서를 이용하여 고고학자가 이전의 주장에 반박할 만한 새로운 설명을 하게 되는지 잘 보여준다.

[도표 3.8] 교사 가일이 작성한 지식메뉴 섹션 2의 다중메뉴 단원 계획 (계속됨).

유사한 활동으로, 잭 란돌프라는 학생의 일기를 나눠준다. 이 일기장은 가족의 식습관, 아동 시절의 게임, 그들의 강아지를 어디에 묻었는지, 정원에 어떻게 울타리를 세웠는지 보여주는 단서가 포함되어 있다. 이 섹션을 읽고, 잭 란돌프의 마당에서 고고학자들이 발굴을 실시한다면, 나올 만한 물건을 목록으로 만들게 한다. 학생들은 역사적 문서가 고고학자와 어떻게 관련이 있는지 토론하다.

과학자처럼 생각하기: 목초지 한가운데서 로마시대 건물이 발견되었다는 이야기를 한다. 사진, 그림, 그 외에 이탈리아 고고학회에서 발간된 보고서를 함께 살펴본다. 학생들은 어떻게 물리적 증거를 통해 발굴지를 찾을 것인지 브레인스토밍한다. 유사하게 몇 가지 조그마한 물건들을 신발상자에 넣어 땅에 묻는다(동전, 구슬, 조각난 도자기). 학생들에게 실제 파지 않고 이 물건을 찾아낼 방법을 생각하게 한다. 물과 바람, 부식, 진동 혹은 상자를 흔드는 것이 지진이라 생각해 볼 수 있다. 학생들은 실험에서 발견한 것과 여러 가지 실험유형을 설명한다. 이 센터에서 학생들은 어떻게 발굴지를 그릴지 생각할 것이다. 인터넷을 사용하여 발굴지역에서 사용하는 과학장비에 대한 정보를 얻도록 한다.

지리학자처럼 생각하기: 이 센터에서, 어떻게 지질학적 형태를 보고 가능한 발굴지를 알 수 있는지 생각한다. 학생들은 새로운 곳을 찾아 서부로 이주하는 개척자의 역할을 한다. 큰 흰 종이를 사용하여, 학생들은 초기 1980년대 마을이 어떻게 생겼는지 다이아 그램을 그려본다. 처음엔, 기본적인 지형형태를 연필로 그리고 목재와 수원같은 천연자원을 그려 넣는다. 학생들은 부속건물이 있는 농가의 위치를 결정하고 공공건물과 비지니즈 건물의 위치도 생각해 본다. 결정을 하면, 학생들은 잉크나 매직으로 그림을 그려 넣는다.

200년 시간의 흐름과 위로 부는 바람 및 바람에 날리는 흙 등을 나타내기 위해, 처음 정착지 그림 위에 갈색 종이를 올려놓을 수 있다. 옛날 정착지를 찾는데 지원금을 받는 고고학을 연구하는 학생이라 생각한다. 진짜 정착자처럼 동부에서 시작할 때, 무엇을 발견할 것으로 기대할 수 있는가? 어떻게 땅과 천연자연이 변화하는지 토론한 다음에 처음 그림을 수정하거나 덧붙여 그릴 수 있다 (숲의 성장, 강바닥의 변화 등). 다음의 질문을 또한 생각한다: 왜 어떤 정착지는 폐허가 되었나? 어떤 재난으로 인해 가족들은 떠나게 되었을까? 이것은 역사적으로 사실인가? 지역사회에서 발굴지역으로 생각할 만한 곳이 있는가? 이들 가능성을 보여주는 시각적인 단서는 무엇인가? 어떻게 시각적 단서를 기록할 것인가? 이 센터에서 학생들은 지역을 어떻게 촬영하는지 배울 수 있다.

지질학자처럼 생각하기: 이 활동을 위해서 시간에 따라 어떻게 지층이 형성되는지 학습지를 보여준다. 이 학습지에서, 4개의 지층에 있는 예술품 사진을 보여준다. 이 지층은 1600-1700, 1701-1800, 1801-1900, 1901-2000의 시기에 형성된 것이다. 학생들은 지층을 연구하고 이 측정 시기 동안 살았던 사람들이 남겨 놓은 것들을 연구한다. 그리고 나서 층에 따라 물건이 어떤 시기에 사용되었는지 기술한다. 고고학자가 발굴지역에 대한 자료를 얻는데 사용하는 특정기술을 아는 것 외에, 학생들은 교사가 찾아놓은 웹 사이트에 들어가서 고고학자가 사용하는 책략, 방사선 동위원소 붕괴를 이용한 연대추정, 연대기, 수목학 및 여러 용어들을 찾아본다. 학생들은 학습노트에 이와 같은 정보를 적는다.

수학자처럼 생각하기: 발굴지가 대략적으로 학교운동장만 하다고 생각하게 한다. 그 크기를 재어보기 위해, 학생들은 운동장의 크기를 재고 그릴 금속 휠을 사용한다. 이 수학적 기술을 사용하여 그래프 위에 그림을 그려 넣는다.

[도표 3.8] 교사 가일이 작성한 지식메뉴 섹션 2의 다중메뉴 단원 계획.

절차적 단계

1. 내용분야에서 문제를 파악한다.
2. 연구분야 내에서 어떤 문제를 찾아 중점을 둔다.
3. 연구문제에 대해 가설을 세운다.
4. 어디서 자료를 얻을지 파악한다.
5. 적절한 자료를 수집할 수 있는 도구를 찾거나 만든다.
6. 자료를 분류하고 범주별로 나눈다.
7. 자료를 요약하고 분석한다.
8. 결과를 도출하고 일반화한다.
9. 결과를 작성한다.

[도표 3.9] 연구방법의 절차적 단계.

두 번째 유형의 방법론은 보다 특정영역에 관련된 것으로서 앞에서 기술한 바와 같이 연구자들이 보다 포괄적인 과제를 완수하도록 돕는다. 예를 들어, 학생들은 조사연구에서 필요한 자료를 적절하게 수집하기 위해 질문지를 어떻게 만들지 알고 있어야 한다. [도표 3.10]은 여러 상이한 분야에서 사용하는 특수한 방법들에 대한 예이다.

본 지식메뉴의 섹션은 특히 교육과정 개발에서 중요한데 그 이유는 교사가 단원에서 활용하려고 선택하는 교수기술의 종류에 영향을 주기 때문이다. 학생들에게 연구조사 방법을 소개함으로써, 보다 귀납적이고(inductive) 실제적인(hands-on) 교육경험의 가능성을 증진하게 된다. 일단 학생들이 연구조사를 실시할 때, 이에 대한 절차 및 그 분야에 대한 기본적인 정보를 알고 있다면, 다음 단계인 적용수준으로 즉, 가장 높은 수준의 연구단계인, 나아갈 수 있다. 학생의 연구는 영역이나 복잡성에서 제한점을 갖기도 하며, 대개 실험실 매뉴얼이나 방법론에 관한 책에 기술된 것들을 그대로 따라하기도 한다. 그럼에도

분야	방법론
천문학(Astronomy)	사진술을 사용하여 별들의 패턴을 기록하는 방법
고고학(Archaeology)	발굴지를 찾아내는 방법
심리학(Psychology)	꿈을 기록하고 해석하는 방법
사진학(Photography)	바늘구멍 사진기를 만드는 방법
우표수집(Philately)	우표의 가치와 진위여부를 확인하는 방법
식물학(Botany)	나무의 나이를 알아내는 방법
지도제작(Cartography)	현 지점을 파악하기 위해 나침판과 태양의 위치를 사용하는 방법
세포학(Cytology)	현미경 슬라이드를 준비하는 방법
사회학(Sociology)	질문지를 만드는 방법
미술(Art)	본 것을 그리고 색칠하는 방법
영화촬영(Cinematography)	비디오를 만드는 방법
역사학(History)	인터뷰를 통해서 전기적 자료를 얻는 방법
커뮤니케이션(Communication)	설득적인 말을 구사하는 방법

[도표 3.10] 영역별 방법론.

불구하고, 초급 수준의 교육과정 자료를 포함하여 교사의 교육과정 활동자료에서 볼 수 있는 조사활동은 어디에서나 볼 수 있는 방식의 교수법 그 이상을 교사들에게 요구한다(Goodlad, 1984).

본 섹션에서 교사에게 요구하는 것은 학습할 교과의 방법에 학생을 참여시키는 학습경험을 개발하자는 것이다. 다중메뉴모델을 적용해서 가르칠 단원을 작성하는 교사는 지식메뉴의 방법론에서 정의하는 바 그대로 연구과정을 학생에게 설명하고, 보여주고, 연구과정에 참여시킬 것이다(예: 고고학 연구에서 고고학 연구의 문제점을 파악하기, 바로 그 문제에 중점을 두기, 가설을 설정하기, 어디서 정보를 얻을지 찾기, 자료를 분류하고 범주별로 나누기, 결론을 도출하기, 보고서 작성하기). 그리고 학생들로 하여금 영역-특수적인 방법론을 적용하여 새로운 정보를 얻을 수 있는 상황을 만들어야 한다. 지식획득과 관련된 여러 방법론적인 절차들은—일반적으로 "과정" 혹은 사고기술로 일컬어지며—그 자체로 하나의 교육내용으로 간주해야 한다. 이것이 바로 보다 큰 전이가치를 갖는 인지구조와 문제해결 책략을 형성하는 지속 방안일 것이다. 과정(process)을 내용(content)으로 받아들일 때, 내용과 과정을 분리해서 생각하는 인위적인 이분법에서 벗어나 내용 혹은 과정 중 어느 것이 일차적인 교육목표인가 하는 끊임없는 논란을 피할 수 있다. 내용을 과정과 결합함으로써 목표는 낱낱의 개별적인 부분을 합친 것보다 더 크게 된다. 목표는 사고와 연구 조사과정을 적용함으로써, 조직적이고 체계적인 방식으로 정보를 획득하고, 만들어낼 수 있는 상황에 학생을 놓는 것이다. 지식메뉴에서 학습한 방법을 충분히 숙지하고 각 분야의 연구방법을 보다 잘 이해할 때, 학습상황에서 학생들은 더 이상 수동적인 자세를 보이지 않는다; 특정 분야에서 학생들은 지식을 획득하고 창출하는 과정을 시작할 수 있다.

가일의 여행: 고고학자가 사용하는 방법론을 사용하기

지식메뉴의 세 번째 섹션을 소개하기 위해, 가일은 학생들이 고고학자처럼 경험해 보길 원했다. 이 목표를 수행하기 위해, 고고학적 지역처럼 보이는 곳을 철저히 조사해 보기로 하였다:

> 몇 년 북부 인디애나에 사는 동안, 나는 농장에서 많은 건물토대를 보았다. 그 중 하나는 특히 유용한 것으로, 나는 가장 가까운 곳에 있는 건물주에게 가서 원래의 소유주에 대해서 물어보았다. 운전하는 동안, 건물주에게 말을 건네었고, 건물주는 기쁘게 자신의 부

> 지를 파볼 수 있도록 허락해 주었으며, 학생들이 발견한 어떤 물건도 가지고 가서 조사해 볼 수 있다고 했다. 그는 또한 그 지역과 지대에 대한 역사도 소개해 주었다. 그 지대는 나무들이 무성하고, 약 7 피트 높이의 돌만 남은 토대, 창문 벽과 문틀만 있었다. 소유주의 말에 의하면, 이곳은 1871년에 세워진 "헛간"이다(언덕을 건물의 한 쪽 면으로 활용하여 단지 3면만 있는 건물이다. 제일 밑에 있는 층은 마구간이고, 언덕 옆으로 들어갈 수 있는 중간층은 마차, 농장 기구, 짐마차를 놓는 곳이고, 제일 위층은 건초를 쌓아 두는 곳이다).

발굴 장소를 측정하고, 사진 찍고, 그리는 방법상의 기술을 배운 후에, 학생들은 이 발굴 장소에 갔다. 사진기, 기록용지와 흙손 및 빗자루를 가지고, 그 지역을 조사하였다. 교실로 돌아오는 길에, 학생들은 자신의 경험을 적고, 무엇을 했는지, 배웠는지, 다음 번에는 어떻게 다르게 해 볼 것인지 적었다. 정확히 조사했는지 알아보기 위해, 학생들은 그린 그림과 측정한 내용을 서로 비교하였다. 교실에 전시할 최종적인 것을 준비하였다.

이 경험의 추후 활동으로, 다른 6학년 학생을 위한 시뮬레이션을 준비하기로 하였다. 3개의 큰 상자 안에 발굴지에서 발견한 물건을 놓고, 먼지로 덮어서 다른 학생들이 찾아볼 수 있도록 하였다. 게다가, 가일의 학급은 고고학에 대한 간단한 프레젠테이션을 준비하고, 발굴 모의 실험을 소개하였다.

이와 같은 경험을 통해 학생들은 고고학자들이 사용하는 방법을 적용해 볼 수 있으며, 보다 중요한 것은 학생들은 이러한 경험을 토대로 흥미에 기초한 독립조사연구를 실시할 수 있었다는 점이다. 가일의 다중 메뉴 단원계획은 [도표 3.11]이다.

다중메뉴 모델 단원계획

단원 명: 여러분도 발굴할 수 있다. 고고학 연구(섹션 3: 방법론에 대한 지식) 학년 수준: 여러 연령 가능 6학년–8학년

교수목적과 활동

_×_ **동화와 기억**

_×_ **정보 분석**

학생들은

- 연구분야에서 발견한 것을 기록, 분석, 그리고 요약한다.

_×_ **정보합성과 적용**

학생들은

- 발굴실시 계획을 세운다. 학생들마다 각 책임을 부여하고 필요한 장비를 확인할 계획서를 작성한다.
- 발굴 상자를 만들고 다른 학생을 위한 모의 상자를 만든다. 이상의 준비과정의 일부로, 외부 학생을 위해서 고고학과 그 분야를 소개하는 훈련과정을 만들 것이다.
- 평가와 피드백을 위해서 지역 역사학회에 학생의 연구를 발표한다.
- 이상의 교수단원에서 발견한 4개의 중요 원리들의 이면에 있는 의미를 설명하는 특집 기사를 쓴다. 학생들이 자신의 기사를 출판할 수 있도록 권장한다.

___ **평가**

교수책략

___ 강의
___ 단순 반복
_×_ 또래 교수
_×_ 토론
___ 프로그램화된 교수
___ 역할 놀이
_×_ 시뮬레이션
___ 모방한 보고서나 프로젝트
___ 문제기초
_×_ 지침이나 지침 없는 독립연구
_×_ 기타: 시청각 프레젠테이션, 발표, 견학

교수 산출물

구체적인 산출물

___ 예술적
_×_ 무대공연
_×_ 구어적
_×_ 시각적
_×_ 모델/구조물
_×_ 리더십
_×_ 문어적

추상적인 산출물

_×_ 인지발달
_×_ 정서적

예술적 수정

- 이탈리아의 한 성 밑에 위치한 집에 관한 이야기를 들려준다. 성지기는 자주 양들이 울타리를 넘어서 우리 집 뒤뜰로 들어오는 양을 돌보고 있었다. 어느 날 나의 남편과 나는 울타리 아래를 보다가, 모자이크 모양의 바닥에 있는 희미한 패턴을 알아채게 되었다. 후에 개타(Gaeta) 지방의 역사학회는 이 폐허가 된 곳을 역사적 부지로 선정하게 되었다.

** (뒷면에 계속)

레슨 게시판

다음은 발굴지로 견학을 가기 위한 활동이다. 섹션 2에서 배운 도구와 조사 방법들을 사용해서, 학생들은 고고학이 어떻게 과거의 이야기를 자세하게 재조명하는지 볼 수 있을 것이다. 발굴지를 조사하는 동안, 학생들은 과학적, 역사적 관점을 적용할 수 있는 기회를 가질 것이다.

1. 본 섹션의 단원을 소개하기 위해, 이탈리아와 지역 사회에서 어떻게 고고학 장소를 발견했는지 소개한다. 발굴지 방문동안 자세히 관찰하면 흥미 있는 것을 발견할 수 있다고 설명한다.
2. 실제 발굴 전에, 하루 정도 걸려서 학생들이 발굴할 지역을 결정한다. 방문 동안, 학생들은 필요한 장비를 확인하고, 자료를 기록할 형식을 준비하고, 여러 학생팀마다 수행할 일을 분담하는 조직적인 계획을 세운다. 일차적으로 학생들은 발굴지를 찾는데 도움이 되도록 그 일대를 사진 찍어서 잠재적으로 고고학적인 물건이 발견될 특정 장소를 정한다.
3. 발굴하는 동안, 여러 학생 팀들은 발굴지와 발굴된 물건을 측정하고, 사진 찍고, 기술한다 (이상의 모든 기술은 센터이동 활동이나 인터넷으로부터 정보를 수집하는 등의 다중 메뉴단원의 섹션 2에서 이미 소개했던 것들이다). 학생들은 교실로 고고학적 물건을 가지고 와서 (이미 약속을 통해서 고고학적 물건을 가지고 올 수 있게 허가를 받음) 이들 물건이 무엇이고 어떤 목적으로 사용되었는지 파악한다. 학생들은 그들이 했던 일, 경험에서 배웠던 것과 어떤 것이 계획에서 변경되었는지 설명한다. 학생들은 지역 역사학회 회원과 발견한 것들에 대해 이야기해 본다.

*** (뒷면에 계속)

학생 연구문제

1. 발굴하기 전에 무엇을 고려해야 하는가?
2. 왜 발굴계획을 세워야 하는가?
3. 발굴지에서 어떤 종류의 자료를 수집하고 싶은가?
4. 어떻게 자료를 기록하는 것이 고고학자에게 도움이 되는가?
5. 수집한 자료에 대해 어떤 분석을 실시할 것인가?

평가

_×_ 산출물 평가
___ 인터뷰/관찰
___ 저널
___ 학습일지
_×_ 무대공연 평가
___ 구어적 평가
___ 다중 선택
___ 에세이
_×_ 기타: 발표할 기사

참고 자료/지역사회자원

- 역사학회
- 고고학 참고문헌

[도표 3.11] 교사 가일이 작성한 지식메뉴 섹션 3의 다중메뉴 단원 계획 (계속됨).

**** 예술적 수정 (계속)**

- 알라스카에 있는 발굴지를 방문하는 동안 인터뷰했던 고고학자의 비디오테이프
- 고고학 발굴 부지의 위치를 결정했던 방법

***** 레슨 게시판 (계속)**

4. 학생들은 그들이 수집한 자료를 분석하고, 정확성을 위해 서로 비교한다. 참고 자료들과 지역 사회 자원들을 사용하여, 학생들은 고고학적 물건을 확인한다. 학생들은 교실전시용으로 최종적으로 완성된 그림과 형태를 준비한다. 발굴지에서 발견한 것을 여러 학급에게 그리고 역사학회에서 발표하고 설명한다.
5. 다른 학생에게 유사한 실험을 어떻게 제시할 수 있을지 생각하도록 한다. 3개의 큰 나무 상자를 사용하여, 150명의 학생을 위한 발굴 모의실험상자를 준비하게 한다. 흙을 사고 적당하게 실제 발굴한 지역을 나타낼 수 있도록 여러 층에 발견한 물건을 묻는다. 6개 격자 상자를 만들고 고고학적 물건들이 묻혀 있던 위치를 설명하는 기록지를 준비한다.
6. 학생들은 개략적인 프레젠테이션들을 준비하고, 발굴 시뮬레이션에 참가할 학생을 위해서 여러 질문과 그에 대한 대답을 추후적으로 만든다. 5명이 한 집단으로 이 시뮬레이션을 돌아볼 것이고 나중에 교실로 돌아와서 질문하고 대답할 시간을 가진다.
7. 활동의 결론부분에서, 학생들은 이 교수 단원에서 확인한 4개의 중요 원리들 이면에 있는 의미를 설명하는 기사를 쓰고 제출한다. 이 때, 학생들은 그들의 연구 결과, 경험 및 그들의 생각을 보여줄 만한 사진 등 어느 것이라도 사용할 수 있다.

[도표 3.11] 가일이 작성한 지식메뉴 섹션 1의 다중메뉴 단원 계획.

섹션 4
특정 대표 주제에 대한 지식: 기본 원리와 개념을 적용하기

단원의 네 번째 섹션은 지식메뉴의 마지막 차원으로서, 어떤 영역의 내용을 구성하는 주요 지식체를 포괄한다. 이 섹션에서는 학생들이 특정 교과의 내용을 이해할 수 있도록, 교사는 섹션 1, 2, 그리고 3에서 배운 방법을 그 교과의 대표가 될 만한 주제에 적용할 수 있도록 돕는다. 학년 또는 학기 내에 모든 교과서 내용을 다뤄야 하는, 전통적인 교수법과 달리 다중메뉴모델에서 교사는 교과의 모든 영역에서 몇 가지 대표적인 원리와 개념을 골라낸다. 가르칠 정보의 범위를 좁히고, 대표가 되는 주제들을 선택함으로써, 교사는 특정연구분야에 대한 학생 관심, 동기 부여와 열정을 극대화하는 흥미진진하고 동적인 문제들

분야	대표적인 주제들
식물학	열대 강우림 지역의 산림 파괴문제들을 이해할 때 식물학의 원리를 적용.
지리학	세계 지리학 또는 세계 역사의 지역 분화 개념을 적용. 역사에서, 남반구를 분석할 때 지역분화의 개념을 적용할 수 있으며, 또한, 지역분화 개념을 적용해서 어떤 특정지역에서 볼 수 있는 투표행동에 미치는 효과를 연구.
신화학	여러 신화와 주요 신화적 인물묘사를 통해서, 일반적으로 신비스럽게 비춰졌던 과거 문화적 신념체계를 밝히는 연구.
세포학	세포의 원리와 개념에 관한 지식을 적용하고 유전실험에 대한 논쟁, 폐쇄, 돌연변이 등을 연구.
미생물학	동물의 배설물과 수질관계를 조사.

[도표 3.12] 대표적인 주제의 예들.

을 찾아내서, 이것을 집중적으로 다룰 수 있다. 예를 들면, 심리학에서 동물의 학습원리를 다루는 연구는 수천 가지에 이른다. 그러나 일상적이지 않은 흥미로운 연구(예를 들어, 비둘기를 대상으로 한 유명한 스키너의 고전적 조건실험)는 특히 필름을 보거나 혹은 실지로 이러한 연구를 해본다면, 보다 학습에 동기부여를 가져온다. [도표 3.12]는 여러 연구분야 내에서 볼 수 있는 대표적 주제들의 예이다.

"특정 개념이 무엇인지 알고 있으므로"(knowledge about specifics) 선택한 내용에서 무엇을 이끌어낼지 그리고 어떤 방법을 적용할지 많은 정보를 제공하게 된다. [도표 3.13]에서 볼 수 있는 하위 특정개념들은 블룸의 첫 번째 수준의 분류학(taxonomy; 1954)에 기초한다. 지식을 조직적인 다양한 방법으로 분석함으로써 어떤 특정 분야의 조직화된 요소를 파악할 수 있다. 교육과정 개발시 내용 영역을 살펴보게 되는데, 이 때 [도표 3.13]에 제시한 하위범주를 적용해서 주제를 분류하기란 항상 쉬운 것은 아니다. 이러한 이유로 인해, 교육과정 개발자들은 개론서(대학교 수준)나 참고문헌에서 주제를 조직하는 방식에 근거하여 내용을 선택해야 한다. 교사는 단원을 개발한 후에, 교수자료를 다시 살펴봐서 가르칠 사실, 규칙, 경향, 그리고 계열을 파악해야 한다. 교사는 직접 가르쳐서 혹은 "특정한 것에 대한 지식"을 분류하는 방법으로 자료를 분석하게 함으로써 이들 하위범주에 학생의 관심을 모아야 한다.

다음의 예를 통해서, 어떻게 교사가 문학과목에서 다중메뉴모델의 차원들을 사용하는지 살펴볼 수 있다. 교사는 문학에서 다루는 개념—비극적 영웅의 종류—을 3개의 예를 통해 집중적으로 분석함으로써 살펴보았다(예를 들면, 베니스의 상인, 아크의 조안과 말콤 X의 자서전). 한 개 이상의 예를 선택하여 철저히 분석하고, 저자의 스타일들을 비교 및 대조하였다; 역사적 관점; 윤리, 성 및 문화적 차이; 그리고 한

A. **사실에 대한 지식 (Knowledge about Facts)**

이 범주는 날짜, 사건, 사람, 연구결과 및 용어에 대한 지식을 포괄한다. 고생물학 연구에서 연대기와 나이에 대한 정보 또한 이 범주에 포함된다. 사실에 관한 지식은 서로 다른 것과 구분되는 정보 (예: 렉싱턴과 콩코드 전쟁 발생시기) 혹은 사건의 한 고리 (예: 혁명 전 연대기표) 등을 포함한다. 또한 이 범주에 포함할 수 있는 정보로는, 정보원에 대한 지식 즉, 특별한 책, 자료표 및 연구와 관련 있는 사실들을 편집한 것들도 있다.

B. **합의에 대한 지식 (Knowledge about Conventions)**

이 범주에 관한 지식은 규칙, 공식, 상징(예: 기상도에서 볼 수 있는 상징기호들), 그리고 특별한 분야에서 일반적으로 사용하는 형태(예: 운문, 이야기, 게시판, 과학보고서)를 포함한다. 문어 혹은 구어법, 사용법, 구두점과 철자법은 규칙에 대한 지식의 좋은 예이다.

C. **경향과 계열에 대한 지식 (Knowledge about Trends and Sequences)**

이 범주는 특정 정보들 간의 상호관계를 나타낸다. 관계는 현재 혹은 순서적일 수도(예: 식물의 생산주기) 있지만, 거의 대부분, 경향과 계열은 인과관계를 말한다. 따라서 예를 들어, 식물의 생산주기, 주식시장의 신장 혹은 유아사망률의 감소는 인과관계 관점에서 연구할 수 있다. 경향과 계열은 직접적이고, 명백하고 사실의 관계들에 의거할 수도 있고 복잡 미묘하여 여러 해석의 여지가 있을 수도 있다.

D. **분류와 범주화에 대한 지식 (Knowledge about Classifications and Categories)**

이 범주는 여러 공통요소들에 따라 정보를 함께 묶는다. 많은 경우들에서, 범주는 주제를 조직하는 기초이므로 범주를 통해서 주제를 체계적으로 연구할 수 있다. 문학유형, 정부 형태와 동식물 분류 등은 어떻게 정보를 더 체계적으로 조직하고 이해를 돕는지 보여주는 좋은 예들이다. 학생들은 분류하고 범주화함으로써 많은 양의 정보를 다룰 수 있다. 또한 공통의 특징, 주제 및 구조에 초점을 둘 수 있으므로 여러 개별 정보들 간의 의미 파악이 용이하다.

E. **기준에 대한 지식 (Knowledge about Criteria)**

양적, 질적 기준에 대한 지식으로서, 정보, 대상 및 사건 등을 판단할 수 있다. 보통 양적 기준(예: 수)은 질적 기준보다 배우기가 쉽다. 따라서 질적인 기준으로 판단하기 보다는 몇 편의 시를 출판했는지 판단하도록 가르치는 것이 보다 쉽다는 것이다. 질적 분석은 매우 높은 발달 수준을 나타낸다. 비록 학생들이 세련된 판단수준에까지 도달하지 못한다고 해도, 교육과정 개발자들은 약간의 주의를 기울여 기준에 대한 지식(양적, 질적으로)을 제공하도록 노력해야 한다. 예를 들어, 여러 기준에 비춰봤을 때, 어린 학생이 문학을 출판할 수 있다고 해도, 그들의 현재 발달 수준은 더 복잡한 판단을 할 수준이 아닐 수 있다. 기준에 대한 지식은 일종의 시작점으로 이를 통해서 후에 나타날 미묘한 적용까지 가능하게 된다.

[도표 3.13] 특정한 것에 대한 지식들 (계속됨).

F. **원리와 일반화에 대한 지식 (Knowledge about Principles and Generalizations)**
원리와 일반화에 대한 지식을 통해 다량의 정보를 요약, 조직하여 주요 개념과 추상적인 개념을 다룰 수 있다. 전형적으로, 추상적인 설명들을 포함하기 때문에, 가장 적절하고 관계가 있는 것을 설명, 기술, 예측 및 결정할 수 있다. 원리와 일반화를 이용하여, 특정의 사실과 사건을 보다 조직적으로 구성할 수 있고, 특정 현상들을 전체의 그림으로 볼 수 있다. 예를 들면, 지리학은 지리학자들이 중요한 것으로 간주하는 많은 원리들과 개념들이 있다(예: 타 지역과의 관계 속에서 지역 개발 패턴을 설명; 지역의 특성은 항상 일정한 것이 아니다–지역의 과거, 현재 및 금후의 전망들을 반영한다). 교사들은 교육과정을 기술할 때 기본이 될 만한 원리와 개념을 파악해야 한다. 이러한 기초작업을 통해서, 개념들 간의 관계가 의미하는 바를 어떻게 파악하도록 도울지 결정할 수 있다.

G. **이론과 구조에 대한 지식 (Knowledge about Theories and Structures)**
이 범주적 지식을 통해서, 이론과 구조를 형성하기 위해 원리와 일반화간의 상호관계를 다룰 수 있다. 국회 또는 심지어 지방 시청의 구조와 조직을 설명하기 위해, 교사는 학생들로 하여금 여러 정부의 시스템들이 어떻게 상호 작용하는지, 정부의 주된 목적이 무엇인지, 어떻게 시민의 목적달성을 돕는지 설명하도록 할 수 있다. 구조를 설명하게 함으로써, 학생들로 하여금 정부라는 용어를 완벽하게 이해하고, 정보를 조직하는데 있어서 보다 높은 수준에 도달하게 할 수 있다. 이론과 구조에 대한 지식은 특정 현상에 대한 가장 추상적인 형식화이다.

[도표 3.13] 특정한 것에 대한 지식들.

개만으로 설명하지 못하고 제한되던 여러 상대적 요인들. 단원 초의 교수목적은 비극적 영웅의 종류에 대한 개념을 이해하고 왜 이것을 연구하는지 알게 하는 것이었다. 다중모델메뉴의 첫 3개 섹션의 주된 목적은 비극적 영웅에 대해 공부하는 방법을 배우는 것이다; 즉 영웅이 종류를 나타내는 한, 누구를 연구할 것인가 하는 점은 덜 중요한 것이다(어느 비극적 영웅). 누구보다는 오히려 방법을 강조함으로써 학생의 역할을 인정할 수 있다. 그 결과, 비극적 영웅의 개념을 정의하는 요인들(예를 들면, 특징, 주제, 패턴 등)에 더 집중하여 진보적인 학습을 이끌어낼 수 있다.

인지적으로 비극적인 영웅을 계속 이해하고 문학 분석기술을 적용하기 위해서, 학생들은 소그룹을 만들어서 특히 관심 있는 스포츠, 정치, 과학, 시민권, 종교, 여성운동, 예술 및 오락분야에서 비극적 영웅에 대한 것을 리스트로 만들거나 전기적인 요약자료를 수집하였다. 바로 이 소그룹에서 학생들은 비극적 영웅의 특징으로 알려진 문학개념을 이해하기 시작했다.

일단 학생이 어떤 특정한 종류를 분석할 줄 알고 그 종류의 범주적 대표성을 탐색한 후에, 학생들은 이 분야를 더 자세히 조사하는데 흥미를 보일 수 있다(예: 비극적 영웅 및 여걸의 생애 또는 업적 조사). 이와 같은 접근법의 매력은 우선 학생들이 어떤 주제를 연구하기 위해 필요한 "도구"를 획득한다는 점이다; 그리고 나서 학생들은 이러한 도구들을 자신의 고유한 흥미영역에 적용할 수 있다.

가일의 여행:대표적인 주제 조사하기

"특정한 것에 대한 지식"에 대해 생각하면서, 가일은 가능성이 끝이 없다는 것을 알았다. 역사에서, 학생들은 고대 문명에 대해 공부해야 하는데, 교육과정 가이드라인은 특히 어떻게 그 내용을 배워야 하는지 명시하고 있지 않다. 평가를 통해서, 가일은 학생들이 고고학자의 일이 중요하다는 것을 알고 있고, 농장 견학과 교실 시뮬레이션에서 해본 발굴에서 어떻게 해야 하는지 방법을 배웠음을 확인할 수 있었다. 그리고 옛날 폐허들, 사람들, 생활방식을 발견하는 것에 관해 많은 의문을 품기 시작했음을 알 수 있었다. 가일은 교육과정의 일부로, 주요 3대 문명(그리스, 마야, 이집트)을 조사하는 학습경험을 만들어보기로 했다. 학생들은 그룹을 지어 조사에 참가했고, 연구할 한 개의 문명을 정했다. 가일은 학생들로 하여금 다른 문명과는 구분되는 독특한 특징들(사람들, 언어, 신념, 가치, 정부 및 사회구조, 전통, 의식, 장소 등)을 파악하고, 다른 2개의 문명들과 비교하게 했다. 학생들은 몇 가지로 분류되는 의문 사항을 만들어 그에 따라 자신의 연구를 실시했다. 다음은 그 예이다:

1. 어떻게 이 사회는 사회구성원의 기본적인 요구(음식, 주거, 음료수, 의료)를 충족시켰나?
2. 어떻게 이 사회는 용역과 재화를 생산하고 분배하였는가?(노동 분담, 재산과 무역에 대한 규정, 노동력의 역할에 대한 생각)
3. 어떻게 새로운 사회구성원의 재생산 및 재생산과 관련된 법률과 문제를 제공하는가? (규정, 결혼연령, 자녀수)
4. 어떤 종류의 훈련(교육, 견습, 역할 전달)을 개별 사회 구성원에게 제공하는가?
5. 어떻게 내부 및 외부의 질서를 유지하였는가? (법, 법정, 경찰, 전쟁, 외교)
6. 어떻게 사회구성원에게 의미와 동기 부여를 하였는가?

조사할 때, 학생들은 여러 정보를 사용해야 한다. 가일은 교과서 외에 인터넷 자료, 필름, 잡지기사, 고고학자와의 이메일 교환을 하도록 권장했다. 또한 가일은 자신이 수집한 고고학 학술지, 박물관 방문 및 해외에서 모은 자료를 제공하였다.

각 소그룹별로 문명에 관한 정보를 모은 후에, 서로 정보를 비교하고 대조하였다. 그룹 안에서, 학생들은 비교한 문명을 그림으로 나타내기(도식화) 위해 다이어그램과 그림들을 만들었다. 가일은 어떤 고대 문명의 특징이 현대문명과 관련 있는지 생각해 보도록 하였다. "문명 붕괴의 원인은 무엇인가?" "문명이 존속하기 위한 전제 조건은 무엇인가?" "문명에 대한 의문사항에 해답을 찾기 위해서 고고학자는 어떤 종류의 질문을 제기하는가?"

집중적으로 분석한 후에, 가일은 학생들로 하여금 여기서 얻은 정보를 어떻게 사용할지 결정하도록 하였다. 일부 학생들은 문화 개념을 소개하는 책을 쓰려고 하였다. 이 학생들은 고대문명과 미국 현대 문명을 비교하는 아동용 책을 만드는 다른 학생들을 함께 합숙하기로 하였다. 또 다른 학생들은 고고학 부지의 파괴와 관련된 법률과 이 보고서를 작성하는 편집을 준비하기로 하였다. 한편, 현대 문명을 대표한다고 생각되는 물건에 대해 학생들을 인터뷰하고, 학교전체를 대상으로 타임캡슐을 만드는 학생그룹도 만들었다. 또한 어떤 학생들은 여러 매체(HyperStudio 프로젝트와 Webquests)를 사용하여 고대 문명에 대해 공부했던 것을 발표하려고 하였다. 어떤 한 학생은 처음에 모의 실험한 고고학 발굴지에 대해 역사적으로 설명하는데 흥미가 있었다. 학생 산출물을 평가하기 위해, 가일은 개인적으로 학생들과 만나서 산출물을 만들 때 도움이 될 만한 것과 어떻게 학생 본인들이 산출물을 이해하고(단원의 개념과 원리) 있는지 잘 보여줄 수 있도록 루브릭(rubric)을 작성해 보게 하였다. [도표 3.14]는 지식메뉴의 섹션 4에 대한 다중메뉴모델 단원계획이다.

다중메뉴 모델 단원계획

단원 명: 여러분도 발굴할 수 있다. 고고학 연구(섹션 4: 대표적인 주제) 학년 수준: 여러 연령 가능 6학년-8학년

교수목적과 활동

_×_ **동화와 기억**
학생들은
• 문명에 대한 자료를 수집하기 위해 여러 참고문헌을 읽고, 인터넷으로 자료를 찾는다. 학생들은 정보를 분류한다.

_×_ **정보 분석**
학생들은
• 연구에서 찾은 분류된 정보를 바탕으로 여러 문명을 비교하고 대조한다.

_×_ **정보합성과 적용**
학생들은
• 핵심 개념, 원리, 그리고 본 교수활동 단원에서 알게 된 기술을 이해하고 있음을 보여줄 산출물을 만든다.

___ **평가**
학생들은
• 내적 기준을 만들어 자신들이 연구한 문명의 질과 실용성을 판단한다.

교수책략
___ 강의
___ 단순 반복
___ 또래 교수
_×_ 토론
___ 프로그램화된 교수
___ 역할 놀이
___ 시뮬레이션
___ 모방한 보고서나 프로젝트
___ 문제기초
_×_ 지침이나 지침 없는 개별연구
_×_ 기타:

교수 산출물 주의: 이 산출물은 학생의 흥미에 따라 다양

구체적인 산출물
_×_ 예술적
_×_ 무대공연
_×_ 구어적
_×_ 시각적
_×_ 모델/구조물
_×_ 리더십
_×_ 문어적

추상적인 산출물
_×_ 인지발달
_×_ 정서적

예술적 수정
Lewis와 Clark이 철도를 따라 여행한 경험에 대해 이야기하고, 몬타나의 Great Falls에 위치한 Lewis와 Clark 센터 방문으로 끝맺는다. 이 이야기를 통해서 얼마나 연구조사가 복잡한 문제에 대한 해답을 얻는데 중요한지 보여준다. 여행 중 역사적으로 중요한 사항과 생존을 위해 개를 먹어야 했던 탐사자를 소개한 후에, 만약에 살아 있다면, 탐사에 사용했던 개를 찾아보려고 했다. 나는 Lewis와 Clark의 저널발췌문에서 질문에 대한 해답을 찾을 수 있었다.

레슨 게시판
다음은 이전 활동에서 배운 지식과 기술을 전이해보고 연구나 프로젝트에 적용해보는 활동이다.

1. 본 섹션의 단원을 소개하기 위해, Lewis와 Clark의 이야기를 들려주어 어떻게 연구문제가 연구활동을 이끄는지 안다.
2. 학생들이 읽었던 고대 폐허지, 사람들, 생활상을 발견하는 것과 관련된 문제를 탐색할 기회가 있다고 설명한다. 교실을 두 그룹으로 나누고 각 집단마다 연구할 세 개의 문명(그리스, 마야, 그리고 이집트) 을 정하게 한다. 학생들은 다른 문명과 구별되는 독특한 특징들(사람들, 언어, 신념, 가치, 정부 및 사회구조, 전통, 의식, 장소 등)을 파악하고, 다른 두 개의 문명들과 비교한다. 학생들은 연구문제와 흥미에 기초한 질문에 집중하게 된다. 교과서 외에, 책, 인터넷, 일차자료, 아티클, 비디오테이프, 필름, 교수와의 이메일 교환 등을 통해서 자료를 모은다. 문명에 대한 자료를 수집한 후에, 문명들을 비교하기 위해 정보를 비교하고 대조하며 다이어그램과 표를 만든다. 학생들은 문명 변화 원인을 찾아보고 다음의 질문을 조사한다: 문명이 생존하기 위한 전제 조건은 무엇인가? 자신이 연구한 문명의 질과 이용 가능성을 평가하기 위해 일련의 기준을 만든다.
3. 학생들은 본 단원에서 얻은 이해, 개념 및 기술을 어떻게 전달할지 결정한다. 학생은 자신이 새롭게 이해한 것을 발표하는 특별한 방식을 파악하기 위해 산출물 목록을 살펴봐야 한다. 개별 혹은 그룹의 루브릭을 통해 학생들은 자신의 산출물을 만들게 된다. 모든 루브릭의 한 가지 기준은 기본 원리의 해석에 대한 카테고리이다.

학생 연구문제
1. 어떻게 사회는 사회구성원의 기본적인 생물학적 요구를 충족시켰는가?
2. 사회는 어떻게 재화와 용역을 생산, 분배하였는가?
3. 인구집단을 규제할 법률이 있는가?
4. 어떻게 교육하였는가?
5. 사회는 어떻게 내적, 외적 질서를 유지하였는가?
6. 어떻게 사회구성원에게 의미와 동기부여를 하였는가?

평가
_×_ 산출물 평가
___ 인터뷰/관찰
___ 저널
___ 학습일지
_×_ 무대공연 평가
___ 구어적 평가
___ 다중 선택
___ 에세이
_×_ 기타: 발표할 기사

참고 자료/지역사회자원
• 여러 문명에 대한 책
• 발간 지침서

[도표 3.14] 교사 가일이 작성한 지식메뉴 섹션4의 다중메뉴단원 계획.

제 4 장

효과적인 교수는 일련의 통칭적인 실제(practice)들이 아니라 오히려 맥락에서 비롯된(context-driven) 교수에 대한 결정이다. 능력 있는 교사는 모든 레슨에 대해 똑같은 실제를 사용하지 않는다. … 대신, 능력 있는 교사는 끊임없이 자신의 활동에 대해 숙고하고, 학생들이 배우고 있는지 아닌지 주의 있게 살펴보고, 그리고 자신의 실제를 이에 맞춰서 조절한다.

—C. Glickman

교수기술 메뉴

교육과정을 기술하는 사람들은 학생의 학습참여에 대해 많이 고려해야 한다. 단원계획은 중요한 교수결정을 수반하므로 의식적, 의도적으로 수행되어야 한다. 넓은 의미에서, 교수기술 메뉴를 통해, 교사는 학생이 내용과 상호작용할 때, 어떻게 학습이 이뤄지는지 신중하게 고려해야 한다. 교수할 단원내용을 결정하는 것만큼, 학생의 지식획득과 적용을 돕는 교수기술을 결정하는 것도 중요하다. 교사가 선택하는 책략의 범위가 깊을수록, 조직적인 학습경험에서 의미를 찾을 때 더 많은 다양성을 제공하게 된다.

다음의 메뉴들[도표 4.1](교수목적과 학생활동 메뉴, 교수책략 메뉴, 교수계열 메뉴, 예술적 수정 메뉴, 그리고 교수산출물 메뉴)은 레슨에 대한 교육학, 조직 및 계열에 관한 것이다. 특히, 이 메뉴를 통해 학생들은 하여금 지식메뉴내용을 "발견하는 과정"에 참여할 수 있다.

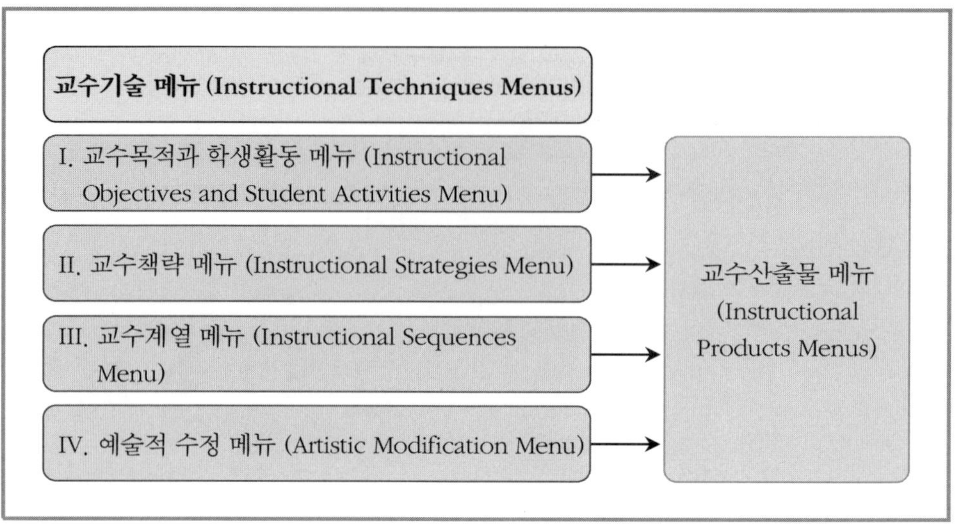

[도표 4.1] 교수기술 메뉴.

교수목적과 학생활동 메뉴

교수목적과 학생활동 메뉴[도표 4.2]는 교과에 대한 지식을 구성할 때 학생들이 사용하는 과정 및 행동에 대한 정보를 교육과정 개발자에게 제공하고자 개발되었다. 이 메뉴를 통해서 교육과정 개발자는 균형 있는 교육과정 활동이란 내용목적과 과정목적 모두를 언급해야 한다는 점을 인지하게 된다. 균형은 바로 학습자에게 새로운 정보를 학습하는 것과 관련이 있는 부호화(encoding)와 해독(decoding)의 스펙트럼 내에서 학습실제를 제공한다. 과정 기술을 명료화하고, 활동목적을 공유함으로써, 학생들은 자신의 사고 패턴과 행동을 파악하고 통제하는 것을 배운다.

메뉴의 첫 번째 범주〔동화(Assimilation)와 기억(Retention)〕는 정보 입력 또는 픽업 과정에 관한 것이다. 이 수준에서, 학생들이 어떻게 특

교수목적과 학생활동 메뉴

I. 동화와 기억

- 듣기
- 관찰하기
- 만지기
- 세기
- 스케치하기
- 명명하기
- 읽기
- 감각으로 느끼기
- 냄새 맡기
- 조작하기
- 노트필기하기
- 정보유형 파악하기(예: 원자료, 의견 등)
- 정보원 파악하기(예: 백과사전, 연감 등)
- 정보회수 체계 파악하기

II. 정보분석

A. 분류:
- 구성부분으로 분류
- 속성 짝짓기
- 조직과 재조직
- 구별과 구분

B. 해석하기:
- 질문하기
- 토론하기
- 논쟁하기
- 유추하기

C. 계열과 패턴:
- 순서화
- 도표화
- 그래프와 차트
- 측정

D. 자료수집:
- 인터뷰하기
- 도구사용하기
- 실험하기

E. 대안 탐색:
- 예측
- 브레인스토밍
- 창의적인 문제해결
- 문제발견
- 문제에 초점두기
- 전환하기 (변형하기)
- 내삽하기
- 외삽하기
- 상호관련짓기
- 재평가하기
- 심사숙고하기 (시행착오)

F. 결론:
- 비판하기
- 요약하기
- 입지 방어하기
- 가설설정하기
- 일반화
- 실행하기
- 진술하기
- 발표하기

III. 정보합성과 적용

A. 쓰기:
- 문학
- 기술
- 편집
- 저널리즘
- 음악 작곡

B. 말하기와 발표하기:
- 미술적
- 기능적/형식적
- 자기 주장적

C. 관리하기:
- 산출하기
- 지시하기
- 이끌기
- 배열하기
- 실행하기

D. 칠하기, 그리기, 디자인하기
- 미술적
- 기능적

E. 구성하기:
- 미술적
- 기능적

F. 공연하기:
- 무용
- 드라마
- 움직임
- 음악

IV. 평가

- 내적 기준에 따라 판단 (예: 개인적 가치, 미적 선호, 개인적 신념과 태도들)
- 외적 기준에 따라 판단 (예: 아이디어와 산출물에 대한 양적, 질적 판단을 위한 기준)

[도표 4.2] 교수목적과 학생 활동 메뉴.

별한 사건, 주제 혹은 개념에 관한 정보를 얻을 것인지를 정해야 한다: 책을 읽을 때, 노트에 기록할 것인가? 특별한 사건을 관찰하고, 정보를 차트에 기록할 것인가? 두 번째의 범주〔정보 분석(information analysis)〕는 더 높은 수준의 이해를 위해, 정보를 처리하는 방법을 설명하는 폭넓은 사고기술에 초점을 둔다. 이 수준에서, 교사는 학생들이 어떻게 정보와 상호작용할 것인지를 생각한다: 학생들은 개별 정보를 비교, 대조하고, 모았던 자료를 표로 만들고, 수집한 자료에 근거하여 예상하고, 정보를 요약할 것인가? 세 번째의 범주〔정보의 합성과 적용(information synthesis & application)〕는 사고과정의 출력 또는 산출물에 관한 것이다. 이 수준에서, 교사들은 학생들이 수집하거나 분석한 정보를 사용할 새로운 방식을 창출할 수 있는 방안을 결정한다: 학생들은 정보를 사용하여 새로운 모델을 만들고, 설명을 하거나, 책을 출판, 발표하거나, 새로운 이론을 세울 것인가? 최종 범주〔평가(evaluation)〕는 또한 출력과정이다. 그러나 이 경우에, 초점은 미학적, 윤리적, 품질 면에서 정보를 재조사하고 판단하는데 있다. 이 수준에서, 교사는 학생들로 하여금 자신의 해결책의 질을 판단하거나 어떤 장점이 있는지 결정할 수 있도록 돕는다.

이 메뉴를 사용할 때, 교육과정 개발자가 고려해야 할 세 가지 중요한 것이 있다. 첫째, 이 메뉴의 4개 범주를 일련의 연속적으로 실시해야 하는 것이 아니다. 사고하고 문제를 해결하는 실제 상황에서, 산출물과 판단 영역의 질을 높이기 위해서 사람들은 더 낮은 수준의 정보 입력과 분석활동으로 돌아가야 할 때도 있다. 그러므로 전반적인 과정은 일직선의 과정이기 보다는 상호관련된 활동들이 반복되는 나선적 계열로서 생각해야 한다.

둘째, 전반적인 교육과정을 개발하는데 있어서, 전문성과 포괄성을 가지는 것이다. 각 단원과 레슨은 교육과정 개발자처럼 가르칠 내용에 대해서 의도한 과정목표대로 개발되어야 한다. 주어진 기간 동안, 교사는 다양한 범위의 목적과 학생활동을 선택함으로써, 과정 개발에 있어서 포괄성을 달성하려고 시도해야 한다. 이상의 것을 고려할 때, 교육과정 개발자는 선택과 균형을 이루는 데 도움을 주는 체크리스트로서 본 메뉴와 기타 교수기술 메뉴를 사용해야 한다.

마침내, 전 범위의 정서적 과정을 포괄하기 위해 본 메뉴의 목적과 활동을 고안하였다. 학생들이 본 메뉴에서 설정한 활동을 추구하고 이러한 활동들이 정서 발달을 증진하는 어떤 주제(지식)와 결부될 때, 학생들이 참여하고, 배우고 가치를 부여하는 과정은 통합된 방식으로 발생한다고 가정하였다. 이러한 이유로 인해, 본 모델에 정서적 메뉴를 분리해서 포함하지 않았다.

가일의 여행: 교수목적과 학생 활동메뉴 적용하기

단원을 준비할 때, 가일은 이 메뉴를 사용하여 학생들이 내용과 상호작용할 때 무엇을 하도록 할지 생각했다. 첫째, 학생 활동 리스트를 만들고, 이들 활동을 통해 단원에서 의도한 내용을 학생들이 파악할 수 있을지 신중하게 생각했다. "어떤 종류의 활동들이 고고학에 관한 정보를 얻는데 도움이 될까?" "발굴지역에서 발생하는 것을 이해하는데 부합하는 활동의 종류는 무엇인가?" 그리고 "학생들이 문명을 분석할 때 어떤 종류의 과정기술을 사용해야 하는가?" 스스로 자문을 했다. 그리고 나서 가일은 다음의 교수목적 형식으로 이상의 질문에 대한 대답을 언급하였다. 아래의 내용은 여러 단원목적에 관한 것이다:

동화와 기억(Assimilation & Retention)

- 학생들은 고고학에 대한 허구 및 사실에 대해 **읽고 토론하여** 어떻

게 고고학자들이 자신의 분야를 정의하고, 문화를 이해하고, 자신의 작업을 하는지 **파악한다.**

- 학생들은 고고학 발굴지 및 비디오용 해양고고학 탐사를 **관찰하고** 어떻게 고고학자들이 고대 물건을 사용하여 문화를 이해하는지 **토론하고** 고고학자가 사용하는 도구와 연구절차를 **파악한다.**
- 학생들은 지역 박물관에서 "전문가에게 질문하기" 방법을 사용하여 **정보를 수집한다.**
- 학생들은 Worldwide Web에서 실제 발굴에 **참여한다.**

정보 분석(Information Analysis)

- 학생들은 조사에서 수집한 정보의 범주에 근거하여 여러 문명들을 **비교하고 대조한다.**
- 학생들은 역사적 장소에 있는 고대 물건을 어떻게 측정, 기록하고 카탈로그로 만들지 **진술한다.**

정보의 통합과 적용(Information Synthesis & Application)

- 학생들은 고고학자의 방법을 적용하여 역사적 부지에서 발굴을 **실시한다.**
- 학생들은 부지에 대해서 이해한 것을 적용함으로써 다른 학생을 위한 모의 발굴지를 **구성한다.**

평가(Evaluation)

- 학생들은 내적기준을 **만들어** 자신이 연구한 문명의 질과 유용성을 판단한다.

교수책략 메뉴

다음 메뉴, 교수책략 메뉴는 가르치는 방법(예: 토론, 각색, 독립조사연구)을 제시하며, 교사들이 학습상황을 조직하는 방식을 나타낸다. 신중하게 선택한 여러 교수책략들은 바로 학생들에게 학습에 참여하는 다양한 방법을 제공함은 물론 그들의 지적 능력과 학습스타일을 완전히 발휘하게 하는 방안을 제공한다. 책략은 매우 구조화된 교수방법에서부터 학습자가 주도하는 학습에 이르기까지 다양하다. 대부분의 책략은 서로 결합되어 사용된다.

앞에서 밝힌 바대로, 교사들은 책략사용에 있어서 균형을 이뤄야 한다. 또한 교수책략 연속선상에서 볼 때 덜 구조화된 교육과정 경험을 학생들이 선호할 수 있도록 개발해야 한다. 이러한 점이 바로 자기주도적(Self-directed) 학습과 창의적 생산성(Creative Productivity)을 강조하는 점과 일맥상통한다. 마지막으로, 교사들은 특별한 종류에 관한 지식과 그에 대한 교수책략이 일치하도록 해야 한다. 예를 들면, 논쟁의 여지가 있는 내용을 다룰 때, 시뮬레이션 또는 역할 분담 책략이 더 적절할 수 있다. 그리고 프로그램화된 교수책략은 컴퓨터 조작 기술을 가르칠 때 보다 적합하다.

[도표 4.3]은 학생들을 학습활동에 참여시킬 때 사용할 수 있는 여러 교수책략이다. 이 목록은 모든 교수책략을 보여주는 것이 아니라, 다만 교육과정 활동을 고안할 때 생각해 봄직한 여러 선택안들이다. [도표 4.4]는 [도표 4.3]에 있는 교수책략 중 일부로, 교사가 학습을 증진시키기 위해 사용하는 책략들이다.

교수책략 메뉴

• 단순반복 • 또래 교수/ 지도 • 프로그램화된 교수 • 강의 • 토론 • 지침이나 지침 없는 독립연구 혹은 조사 • 시뮬레이션 • 학습 혹은 흥미센터 활동 • 드라마화 • 역할놀이 • 지침이 있는 상상 • 모방한 레포트나 프로젝트 • 연구보고서나 프로젝트	• 견습공, 인턴십과 멘토십 • 시청각 프레젠테이션 • 문학서클 • 문제에 근거한 학습 • 기술 지원 학습 • 집단 책략 융통적인 집단구성 흥미 집단구성 기술 집단구성 협동적인 집단구성 클러스터(Cluster) 집단구성 내용 집단구성 • 이야기 읽어 주기 • 소크라테스식 질문 • 진보적인 조직체	• 개념 도식화 • 소리내어 책읽기 • 상호작용적인 비디오 • 공동의 질문 • 실험 • 브레인스토밍 • 보여주기 • 견학 • 초청간사 • 집단 논쟁 • 실질적인 견학 • 인터넷/ 컴퓨터 시뮬레이션 • 전문가에게 질문하기

[도표 4.3] 교수책략 메뉴.

가일의 여행: 고고학 단원에 대한 교수책략 선택하기

가일은 여러 교수책략을 정해서 학생의 학습과정을 쉽게 하였다. 대략적으로 고고학을 소개하기 위해, 고고학자를 선정해서 학생들에게 가르칠 것에 대해 의논했다. 가일은 고고학자가 자신의 작업, 즉 어떻게 그 분야를 연구했는지와 연구도구를 사용했는지 설명하길 바랬다. 학급에 고고학자를 초대하기로 한 결정은 고고학을 소개하는 확실한 방법이었다. 고고학자에게 질문할 인터뷰 내용을 만들도록 함으로써,

책략: **강의(Lecture)**
기술: 소그룹 혹은 대그룹으로 정보를 구두로 제시

책략증진:

- 정보를 학습하는 데 도움이 되도록 핵심정보를 범주화하고 이를 파악하도록 함으로써 그래픽 조직도를 제공한다. 표제어 및 주요 주제를 알 수 있는 핵심 되는 단어별로 정보를 조직한다. 학습할 사건의 계열, 인과관계 및 문제와 그 해결간의 상호관계를 반영하기 위해 그래픽 조직체를 다양하게 한다.
- 반으로 노트를 접어서 노트 필기하는 기술을 가르친다. 노트의 한 쪽에 질문을 만들어 넣고 다른 반쪽에 질문에 대한 답을 쓴다.
- 다룰 정보에 대한 발표물을 준다.
- 강의와 질문을 번갈아 한다.
- 강의 중 짧은 시간을 주고 정보를 요약하고 생각해 보게 한다.
- 학생들에게 친숙한 예나 그와 유사한 것들로 주제를 기술한다.
- 도입할 개념에 대한 예나 예가 아닌 다른 것(개념 달성 책략)들을 제시한다.
- 도입할 개념에 대한 예나 예가 아닌 다른 것(개념 달성 책략)들을 질문한다.
- 이야기 읽어주기 (storytelling)를 강의 형식에 접목하여 사용한다.
- 초청 강사를 초빙하여 그들이 알고 있는 것을 듣고 공유한다.
- 여러 프린트물이나 미디어 자료를 사용하여 어떤 특정한 요지를 부각시킨다.
- 슬라이드를 이용하여 발표한다.
- 가능한 한 많은 자료를 이끌 수 있는 개방식 질문을 함으로써 개념형성을 돕는다. 학생의 대답을 기록하고, 집단별로 정보를 조직하고 표시한다. 예를 들어, 민주주의 단원 전에, "민주주의란 말을 들을 때 무엇이 떠오르는지?"라고 질문한다. 학생들은 이 질문에 대해 생각하고 집단별로 정보를 구성하고 자기 집단을 나타낼 수 있는 개념적 명칭을 만든다(개념형성/진단).
- 개념이해를 촉진할 수 있도록 조작을 해보게 한다.

책략: **상술과 연습(Recitation & Drill)**
기술: 효과적으로 정보를 회수하여 학습할 수 있도록 돕는 교수책략

책략증진:

- 정보를 회상할 수 있는 특별한 책략을 가르친다(예: 기본적인 수학적 사실암기, 함께 기억할 수 있도록 하는 원리를 파악하기, 학습할 원리들 간의 관계성을 찾기, 맥락 내에서 정보를 생각해 보기).
- 속성에 근거하여 정보를 범주화하도록 권장한다.
- 학생의 흥미를 높이기 위해 게임방식을 이용한다(Jeopardy, Whats My Rule, So You Want to Be a Millionaire).
- 혼자 연습해보도록 한다. 맞춤법을 연습하는 동안 책략을 배울 수 있게 돕고 그리고 나서 서로 학생들이 연습하게 한다.

[도표 4.4] 교수기술을 증진하는 책략 (계속됨).

책략: **또래 교수**(Peer Tutoring & Teaching)
기술: 어떤 특정한 내용을 잘 알고 있는 학생(Tutor)과 완전히 정보, 주제 혹은 내용을 이해하지 못하거나 익숙지 않은 학생(Tutee)을 짝을 지워서 학습하도록 하는 교수책략

책략증진:
- 유사한 흥미를 가진 학생과 정보를 공유함으로써 서로 이득이 되는 학생끼리 짝을 지운다.
- 학생들 간에 학습할 어떤 주제에 대한 정보를 공유하기 위해서는 특정 주제에 전문성을 갖게 한다.

책략: **토론**(Discussion)
기술: 교사와 학생 혹은 학생집단 간 상호작용을 증진하는 교수책략

책략증진:
- 질문 수준을 다양하게 한다.
- 반응을 하기 전과 후에 잠깐 동안 시간을 주어서 다른 집단의 이야기를 듣게 한다.
- 학생이 설명하고자 하는 것을 듣고 몇 가지 질문으로 학생의 의문사항을 명확히 한다.
- 토론에 참여시킬 책략을 다양하게 한다. 학생들이 조사할 질문사항을 제시하고 시간을 주어 개별적으로 혹은 소그룹으로 대답을 준비하게 한다.
- 어떤 주제나 개념에 대해 스스로 질문을 만들어 보고 상호 질문을 하도록 권장한다. 예를 들어, 학생들이 토의집단을 만들고 서로 질문에 대답한다.
- 읽기에서, 문학토론 그룹에 참여하게 하여 학생들이 읽은 책에 대해 서로 질문하고 대답하게 한다. 학생들에게 설명적이고 평가적인 질문을 만들 수 있도록 가르친다.

책략: **프로그램화된 교수**(Programmed Instruction)
기술: 학생의 학습속도대로 단계를 배정하여 학습자료를 스스로 학습하는 방법 (self-teaching method)

책략증진:
- 학생의 학습속도에 상응하는 학습자료로 학습하도록 계약(contract)을 사용한다. 학생이 무엇을 할지 대략적으로 보여주고, 어떤 자료를 사용할 것이며, 어떤 종류의 학습결과물을 산출할지, 어떤 절차로 평가를 받게 되는지, 그리고 프로젝트를 완성하는 시간계획 등이 이 계약에 포함된다.
- 인터넷에 "Webquest"를 만들어 학생들은 자신의 속도대로 개념학습을 한다.
- 프로그램화된 교수의 한 형태로서 개인지도를 사용한다(많은 소프트웨어에 개인지도가 포함됨).
- 일부 학생은 다른 학생보다 더 많은 지침과 지원을 필요로 한다는 점은 인식한다.

[도표 4.4] 교수기술을 증진하는 책략 (계속됨).

책략: **문제에 기초한 학습**(Problem-based Learning)
기술: 교육과정의 일부를 잘못 조직된 문제를 바탕으로 구성하는 교수책략. 학생들은 자발적으로 문제를 해결할 때 새로운 지식과 경험을 얻는다.

책략증진:
- 문제를 파악하고 연구계획을 세우도록 돕는다.
- 문제에 대해 알고 있는 것과 모르는 것을 파악하게 돕는다.
- 자료를 제공하여 학생들이 문제를 해결하도록 한다.
- 방법론적인 도움을 제공하여 정보를 수집하고 분석하는 것을 돕는다(인터뷰하는 법, 질문지 만드는 법, 역사적 설명에서 편견 찾기 등).

책략: **역할 놀이**(Role Playing)
기술: 다른 사람의 관점을 평가하고, 다른 사람의 의사결정에 미치는 영향 혹은 실제 어떤 사람의 역할을 따라 함으로써 특정 개념에 대한 이해를 얻도록 하는 책략

책략증진:
- 특정개념 조사에 유용한 문제나 상황을 만든다. 학생들이 역할을 수행해 보도록 배경이 되는 정보를 찾아보고 배경을 구상한다.
- 반대되는 관점을 찾아보고 논쟁에 참여한다.
- 학생들이 역할놀이를 하고 어떤 아이디어나 개념을 조사한다.
- 사건을 극화할 수 있는 기회를 제공한다(교사는 과학수업에 이 기술을 통하여 식물, 유기체 혹은 태양계 등의 여러 부분이 수행하는 기능을 이해하도록 활용할 수 있다).

책략: **시뮬레이션**(Simulation)
기술: 실제생활에서 볼 수 있는 상황에 있다고 가정하는 책략. 시뮬레이션은 현실을 간략화하여 핵심적인 아이디어에 집중한다.

책략증진:
- 역할을 가정하고, 의사결정하고 자신의 행동에 대한 결과를 살펴본다.
- 시뮬레이션을 소개하는 시간을 갖고, 학생 그들에게 부과된 역할을 조사하고 방향을 잡는 시간을 준다.
- 실제 역할놀이를 하고 토론을 통해서 시뮬레이션을 정리한다.

[도표 4.4] 교수기술을 증진하는 책략 (계속됨).

책략: **지침이 있거나 없는 독립조사 학습(Guided or Unguided Independent Studies or Explorations)**
기술: 개인 혹은 소그룹으로 주제, 실제문제, 논쟁 혹은 흥미 있는 것을 조사해 보도록 권장하는 교수책략. 교사나 다른 어른들은 학생의 활동을 촉진하여 산출물을 내도록 도울 수 있다. 교사의 관여 수준은 학생의 이전 경험에 따라 다르다.

책략증진:

- 다음의 특징을 가진 실제 문제를 추구하도록 돕는다.
  1. 문제를 추구할 때 인지적 혹은 학문적으로 흥미가 있음은 물론, 정서적 혹은 내적으로 집착력을 보인다.
  2. 실제문제는 정해진 독특한 해결방법이 있는 것이 아니다(이것이 연습문제와 실제문제를 구분하는 특징이다).
  3. 학생들은 청중들의 행동, 태도 혹은 신념 변화를 가져오기 원하거나 과학, 예술 혹은 인문학 분야에 새로운 기여를 하고 싶어 한다.
  4. 산출물은 어떤 특정, 진짜 청중을 위한 것이다(예: 지역 역사학회 등).
- 전문가가 연구할 때처럼 조사할 수 있도록 여러 방법론과 영역 특정적인 기술을 소개한다.
- 어떤 사람/멘토를 만나 정보를 얻을 수 있도록 주선한다.

[도표 4.4] 교수기술을 증진하는 책략.

어떻게 고고학자들이 생각하고 연구하는지 이해할 수 있도록 정보를 적극적으로 수집하게 학생들을 참여시킬 수 있었다.

문명의 역사를 보여주는 물건들을 목록으로 만드는 개념형성 책략을 사용하였다. 이 목록을 가지고, 속성에 따라 정보를 분류하고, 그리고 나서 그 정보에 이름을 붙이게 하였다. 이 특별한 교수책략을 사용함으로써, 학생들은 문화에 대해 알고 있는 것에서부터 개념을 형성할 수 있었다. 가일은 이 기술을 사용해서, 학생들로 하여금 물리적 혹은 문서적 증거를 포함하여 물건에 대한 개념을 이해하도록 하였다. 이러한 개념적 이해는 문화의 레크리에이션, 사회적 활동, 수송방법, 사회적 지위 등을 설명할 수 있다.

계획 중에, 학생들이 자신의 질문에 대한 답을 찾아보게 하는 방법도 포함된다. 개인 혹은 소그룹 조사를 촉진하는 방법을 알게 됨으로써, 학생들이 자기 주도적으로 학습할 수 있는 기회를 만들 수 있다: 학생들은 서로 다른 문명을 비교할 자료를 수집하고, 개인적으로 흥미 있는 영역을 연구하도록 권장하였다.

교수계열 메뉴

교수계열 메뉴[도표 4.5]는 가네와 브리그스(Gagné & Briggs; 1979)와 오스벨(Ausubel, 1968) 같은 주요 학습 이론가의 이론에 근거한다. 오스벨은 의미 있는 학습을 강조했는데, 이 말은 레슨 내용을 학생의 기본지식, 경험적 배경 및 학습할 능력과 연관지어야 한다는 것이다. 오스벨은 "학습에 영향을 미치는 가장 중요한 요인이 바로 학습자가 이미 알고 있는 것이므로 이것을 확인하고, 그에 따라 가르쳐야 한다"라고 생각하였다(Ausubel, Novak, & Hanesian, 1978). 교수계열 메뉴에 반영된 오스벨과 그의 동료들의 영향으로 미리 계획된 학습활동을 극대화할 수 있도록 사건을 조직하고 계열화하고자 하였다. 그러므로 교수계열 메뉴는 항목들이 계열적인 방법을 따른다는 점에서 다른 것들과 구별된다. 그러나 중요한 점은 이 메뉴를 정확한 규칙으로보다는 오히려 도움을 주는 틀(framework)로 사용하고자 의도하였기 때문에 계열은 한 단위 내에서 혹은 레슨에서 여러 번 반복될 수 있다.

가네와 브리그스(1979)에 따르면, 교수를 계열화하는데 있어 중요하게 고려해야 할 점은 학습자가 필수적인 전제조건을 완전히 학습하는 방식대로 학습자료를 조직하는 것이다. 전제조건은 넓은 의미에서 중요한 용어를 학습하는 것 외에 학습할 내용에 대해 갖는 우호적 태

교수계열 메뉴

I. 관심을 얻고, 흥미와 동기를 개발

- 레슨과 관련된 사건에 대한 이야기 들려준다.
- 정보에 관련된 이야기를 읽는다.
- 다른 것과 구별되는 사건–그리고 사람들이 기대하는 바와 반대되는 사건으로 레슨을 시작한다.
- 간단한 시범을 통해 흥미를 유발한다.
- 학생들이 이미 알고 있는 것이 무엇인지 브레인스토밍한다.

II. 레슨의 목적과 목표를 알려주고 진보적인 조직체(Organizer)를 제공

- 그래픽과 해설이 있는 조직체를 제공하여 학생들이 생각을 조직할 수 있도록 돕는다. 예를 들어, 가일은 인류가 그들의 물건들에 문화적 흔적을 남긴다고 설명하면서 단원을 시작했다. 그리고 나서 "이 비디오를 볼 때, 여러분, 고고학자가 문화를 이해할 때 사용하는 물건의 종류를 찾아보세요"라고 말했다. 보다 진보적인 조직체를 사용함으로써, 가일은 학생들에게 본 학습경험에서 생각과 사실을 구조화하는 방법을 제공하였다.
- 과목의 원리와 개념을 진보적인 조직체로 사용하고 나서, 레슨을 이들 아이디어에 역으로 연결짓는다.
- 레슨의 목적이 어떻게 질문에 대답을 주고 특정한 목적을 성취하도록 돕는지 관련짓는다.
- 학생들로 하여금 레슨의 목적을 다른 과목이나 실제생활에 관련시켜보게 한다.

III. 주제를 관련 있는 이전의 학습자료에 연결

- 학생들에게 이미 배운 것이 무엇인지 생각해보고 어떻게 이 새로운 정보가 이전의 학습경험과 연결되는지 말하게 한다. "…할 때, 너는 어제 배운 것을 기억하니."
- 새로운 것을 학습할 때, 친구에게 책략을 설명하거나 어떻게 이해할 수 있었는지 설명하게 한다. 학생들은 배운 것을 어떻게 이전에 배운 것에 결부할지 크게 소리내어 말해본다.

IV. 교수책략과 학생 활동의 결합을 통해서 자료를 제공

- 여러 교수책략을 선택하고 학생활동을 고안하여 학습행동에 참여시킨다.
- 내용과 학생을 상호작용시키는 책략에 주의를 기울인다(예: 예나 증거를 찾음, 관련된 과목과 경험에 내용을 적용하고 문제를 해결함 등).
- 학생들이 과제를 수행할 때 관리하고 도움을 준다. 개별적 혹은 소그룹으로 활동할 때 사고를 신장한다.

V. 개별 혹은 소그룹으로 진보된 수준의 추후활동을 제안

- 주의 깊이 학생들이 만든 질문을 듣고 앞으로 조사할 수 있도록 차트에 질문을 기록한다.
- 주제에 관련된 흥미 있는 프로젝트 목록을 만든다.
- 학생들로 하여금 공부한 주제에 대해 모르지만 알고 싶은 것을 생각해 보게 한다.
- 학생의 생활과 관련이 있거나 주제 및 하위주제와 관련이 있는 잘못 구조화된 질문을 생각해본다.

[도표 4.5] 교수계열 메뉴 (계속됨).

교수계열 메뉴

VI. 성취에 대해 평가하고 피드백을 제공

- 레슨을 통한 평가책략:
  - 문어적 평가
  - 에세이 평가
  - 포트폴리오 평가
  - 일화평가
  - 성취평가(특별한 과제, 발표, 산출물)
  - 학생 스스로 평가
  - 상위인지 코칭
  - 학생 관찰/인터뷰
  - 일기
  - 요약/질문
  - 체크리스트

VII. 앞으로 할 관련된 주제에 대해 진보적인 조직체를 제공

- 어떻게 개념과 원리가 다른 과목과 관련이 있는지 설명한다. 예를 들어, 어떻게 생물학의 항상성 개념이 문화에서 불균형, 동화, 적응의 개념과 유사하고 다른가?

VIII. 전이 및 잠재적으로 적용할 기회를 지적

- 학생들을 위해 그들이 아는 정보를 취하고 그것을 새로운 문제나 관련 주제에 적용하게 한다.

[도표 4.5] 교수계열 메뉴.

도까지 포함한다. 이와 같은 이유로 인해, 주의를 끌고 흥미를 발달시키는 항목으로 교수계열 메뉴를 시작한다. 가네와 브리그스 또한 이전에 학습한 자료를 현재 주제와 관련시키는 것이 중요하다고 강조하고 가능하면 언제든지, 현재의 주제를 더 큰 의미를 담는 틀 속으로 통합할 것을 주장하였다. 이와 같은 관심은 부분적으로는, 지식메뉴의 첫 번째 섹션, 지식의 위치 파악하기에서 제안한 책략을 통해서 다룬다. 마지막으로 가네와 브리그스가 제안하길, 학습전이는 우연히 생기는 것이 아니기 때문에, 교육과정 개발자들은 이미 학습한 정보와 이 정보가 적용될 만한 상황사이에 관계를 만들어 주어야 한다. 유사하게, 오스벨(1968)의 의미학습이론에서도 또한 학생이 배운 내용을 미리 보거나 다시 총체적으로 살펴볼 때, 그리고 학습자료를 조직적으로 제공할 때 학습이 증진된다고 주장하였다. 학생들로 하여금 교수계열 초에 내용과 과정 목적을 인식하게 하고, 정보를 단원 조직의 틀인 개념 및 원리와 결부시킴으로써 이와 같은 "진보적인 조직체"를 가장 쉽게 다룰 수 있다.

예술적 수정 메뉴

대부분 교사들은 한번 이상, 마치 예술가가 마지막 순간에 느꼈을 성공감과 만족감을 느끼듯이, 레슨을 가르쳐본 경험이 있을 것이다. 이와 같은 종류의 개인적인 경험과 희열은 교사 스스로 개발한 교수 자료를 사용하거나 특별히 흥미 있는 것을 가르칠 때 자주 볼 수 있다. 교사가 일상적으로 다른 사람이 만든 자료를 사용할 경우, 희열이나 활기를 놓치게 된다. 교사들은 여러 교육과정 주제에서 잠재적으로 흥미가 있는 것을 파악하기 위해, 예술적 수정이라고 하는 개념을 적용하여 단계적으로 접근할 수 있다. 이 개념은 일종의 초대(invitation)로서, 다른 사람이 준비한 교육과정에 교사 스스로 선택한 것과 개인적인 관련성을 도입하는 것이다.

원리와 기술

예술적 수정개념의 기본이 되는 주요 원리는 필립 피닉스(Philip Phenix, 1987)의 연구에서 찾을 수 있다. 피닉스는 교수자료가 교수-학습 과정에서 어떻게 사용되느냐에 따라 살아 있는 것일 수도 죽어 있는 것일 수도 있음을 지적하였다. 피닉스에 의하면, 교수자료는 대화나 활동적인 참여를 위한 도구로서 사용될 때, 가장 적절하게 이용된다. 교수자료가 교사 자신의 경험보다는 다른 자료에서 얻고, 교사가 주재하지 않았다면, 질적으로 이상한 것이 될 것이다. 피닉스의 지적에 의하면, 준비된 교육과정 자료도 구체적인 적용이나 실제적인 결과를 고려하지 않은 채, 표면적 의미나 무비판적으로 사용될 때, 오용될 수 있다.

교과서 및 미리 준비해 놓은 교육과정 자료들이 제공하는 정보가 객관적이고, 권위가 있으며 현실적이라고 비춰지고 있기 때문에 이들 자료들이 학생의 참여와 토론을 권장하지 못할 지도 모른다. 이런 관점으로 인해 교사들은 교과서 내용을 마음대로 다루지 못하게 되며 결과적으로 교수자료를 개인적으로 학생들에게 의미 있게 만들 기회가 적어지게 된다. 피닉스(1987)는 만약 교사가 학생의 태도와 행동에서 중요한 변화를 만들려고 한다면, 교사가 교육과정 자료를 사용하는 방식을 재조사해야 한다고 생각했다. 교사들은 내용을 의미 있고 생기를 가져오는 자료가 되도록 개인화하고, 해석하고 비판하며, 여러 모로 해부해 봄으로써 적절하게 교수자료에 변화를 줄 수 있다. 물론, 문제는 어떻게 교사가 이런 유형의 변화를 계속하느냐는 것이다. 교사지침이 공개적으로 규범화된 경우엔, 교육과정 개발자들은 위에서 살펴본 변화를 교사역할에 합당한 부분으로 생각하지 않는다. 게다가, 교육과정 자료를 교사 나름대로 수정할 수 있도록 도움을 주는 훈련과 연습이 부족하다. 다른 사람이 이미 준비해 놓은 규범화된 교수자료를 이용하고, 교육과정 내용은 "내용 전문가"만이 만들 수 있다는 태도 때문에, 개념을 교사에게 전달하기가 너무 어렵다. 이와 같은 태도는 이미 준비되어 있는 교육과정에 교사 나름의 자료를 덧붙이기 위해 필요한 내용을 배경으로 가지고 있다고 스스로 생각하지 않는다. 이런 지각과 반대로, 예술적 수정은 교사에게 고도의 내용전문가 수준을 요구하지 않는다. 왜냐하면 예술적 수정은 본질적으로 개인적인 과정이기 때문이다. 각 교사들은 자신의 경험에 있어서는 최고의 전문가이며 예술적 수정은 이와 같은 개인적인 경험을 교수자료로 사용하도록 교사를 초대하는 것이다.

예술적 수정메뉴를 사용할 때, 교사들은 이전에 미리 개발되어 있는 자료에 창의적인 보탬을 주는 것이다. 비록, 첨가된 자료가 어떤 특정 단원의 내용과 상충된다고 해도, 이들 수정은 교육과정 내용을 비판, 해석하고, 교사 자신의 가치와 경험에 비춰서 내용을 조사하고, 교사가 선택한 내용을 첨가하는 것을 포괄한다. [도표 4.6]은 예술적 수정의 8개 범주와 예들이다.

실제적인 관점에서, 이들 범주와 예들을 고안하여 교사들로 하여금 예술적 수정을 할 수 있는 다른 방식을 이해하도록 하였다. 수정을 위한 제안점들은 일반적이며 또한 특수한 것이 될 수도 있다. 그렇지만 항상 교과서나 교육과정 지침서처럼 규정화하기보다는 개인적이어야 한다. 예술적 수정 과정의 목적은 교수자료를 개발한 사람의 지식과 경험을 전적으로 그려대기보다는 교사자신이 교육과정 속에 빠지도록 권장하는 데 있다. 교사가 학생의 흥미, 호기심 및 동기를 유발하기 위해서 교사 내에서도 열정과 관심을 창출하는 것이 예술적 수정에 관련된 목적이다.

예술적 수정 고안하기

예술적 수정 모형(The Artistic Modification Template, [도표 4.7])은 예술적 수정을 하기 위한 일종의 책략이다. 이 모형은 세 가지 유형의 개인적인 경험으로 나뉜다: 직접, 간접(혹은 대리), 그리고 창의적. 각 유형은 세 가지 일반적인 경험의 논리적 요소에 따라 하위범주로 다시 나뉜다. [도표 4.8]은 제2차 세계대전을 가르치는 한 교사의 경험에 기초한 예이다. 제2차 세계대전의 표준 교육과정 자료에 한두 가지 경험을 통합하여, 예술적 수정 경험과 활동을 개발하는 출발점으로 사용할

예술적 수정 메뉴

I. 내용과 직접 혹은 간접으로 관련 있는 개인적인 경험을 학생들과 나눈다(세익스피어 단원 동안, Globe 극장, Stratford-on-Avon, Anne Hathaway's cottage와 엘리자베스 시대와 관계가 있는 다른 부지에 대한 재건축 슬라이드를 보여준다).
II. 인물, 장소, 사건 혹은 주제에 대한 개인적인 지식 혹은 내부 관계자만이 아는 정보를 학생들과 나눈다(고고학 단원 동안, 마가렛 미드의 연구 진위 여부에 대한 논쟁을 다룬 타임지나 뉴스위크 기사를 지적할 수 있다. 혹은 과학이나 역사적 사건에 대한 뉴스보고서의 편견에 대해 관심을 이끌어낸다).
III. 개인적 활동과 관련된 흥미, 취미, 독립조사연구 등을 나눈다(가계학을 공부하는 동안, 가계도 혹은 이민 서류를 보여주고 재미있는 가족의 이야기와 문서 등을 나눈다).
IV. 개인적인 가치, 신념, 그리고 옛날 경험들을 나눈다(미국역사에 대한 단원을 공부하는 동안, 시민권 주장, 여성평등운동 혹은 중요한 역사적 사건이나 문제와 관련된 것에 참여했던 개인적인 경험을 소개한다).
V. 개인 수집품, 가족 문서 혹은 중요 기사들을 나눈다(남북전쟁과 아브라함 링컨의 암살에 대해 공부하는 동안, 케네디 사망에 대한 사건을 기술한 신문, 잡지 등을 교실에 가지고 온다).
VI. 책, 필름, 텔레비전 프로그램 혹은 예술공연에 대한 개인적인 열정을 설명하고 나눈다(제2차 세계대전 단원을 공부하는 동안 『*The Man called Intrepid*』와 같은 책에서 스파이 이야기를 들려준다).
VII. 책, 신문 혹은 다른 정보원에서 볼 수 있는 논쟁, 편견이나 규제를 소개한다(담배와 술 회사의 광고에 의존도가 높은 잡지는 담배와 알코올의 위험도를 알리는 기사를 회피하는 경향이 있다).
VIII. 기타: 학습의 참여를 증진시키고 학생에 관련된 개인적인 경험은 끝이 없다.

[도표 4.6] 예술적 수정 메뉴.

예술적 수정 모형

주제: ________

직접 경험	관련 활동	여행	개인적 친분	그룹우호관계	중요기사	개인적으로 중요한 사건
간접(대리) 경험	허구	비허구	필름, 청각, 시각적 경험	상상 혹은 시뮬레이션		
창의적 수정 (결과물)	문어적	시각적	구어적/무대공연	구조물적	리더십 지향적	필름, 비디오, 컴퓨터 프로그램

[도표 4.7] 예술적 수정 모형.

예술적 수정 모형

주제: 제2차 세계대전

	관련 활동	여행	개인적 친분	그룹우호관계	중요기사	개인적으로 중요한 사건
직접 경험	• 허치슨 씨 부인의 Victory Garden • 나의 자정 야채사업	유럽과 필리핀에 있는 제2차 세계대전 전투지를 여러 번 방문했다(나는 여러 개의 브로셔를 가지고 있다). 매우 감동적인 경험.	• Hal Fisher (Pacific) • Peter Fedor (Whermacht) • Joe Marcotte (Bridge at Ramagan) • Josie Cavalier (Homefront 5 star mother)		• 제2차 세계대전 기념품 • 나의 스파이/ 지능 책에 관한 수집품 • 비행기 정찰 메뉴얼	• 뉴저지 해안에 있는 순찰대 보기 • 등화관제와 폭탄재 • 대유럽과 대 일본전 승리의 날

	허구	비허구	필름, 청각, 시각적 경험	상상 혹은 시뮬레이션
간접(대리) 경험	Dozen············Favorites • The naked and the dead • The eagle has landed	• A bridge too far • Spies and traitors of WWII Dozens of others . . . (또한 여행 난에 있는 자료 참조)	• "The winds of war" • "War and Remembrance" 기타	제2차 세계대전 전투에 대한 여러 편의 좋은 시뮬레이션이 있다.

	문어적	시각적	구어적/무대공연	구조물적	리더십 지향적	필름, 비디오, 컴퓨터 프로그램
창의적 수정 (결과물)	고등학교 때, 나는 제2차 세계대전 전투에서 5명의 생존자에 대한 단편이야기를 출판했었다.			어릴 적에, 우리들은 항상 제2차 세계대전 비행기 모형을 만들었다.		

[도표 4.8] 예술적 수정 모형 작성.

수 있다. 대부분 항목들은 교과서에 포함되지 않은 경험이야기이다. 중요한 것은, 교사 개인의 흥미와 주제에 대한 열정에 기초하여 예술적 수정의 주제목록을 만듦으로써, 이 역사적 시기에 대해 교사 자신과 학생들의 활동을 북돋우게 된다.

교사는 또한 소그룹을 지어 브레인스토밍을 함으로써 예술적 수정을 위한 주제를 만들어 볼 수 있다. 그룹 상호작용은 종종 훌륭한 교수 아이디어 및 활동을 이끌어내는 관련 아이디어를 자극한다. 그러나 질적으로 우수한 개인적인 예술적 수정을 할 수 있는 후속 아이디어 및 활동을 위해서, 교사와 교사의 개인적인 경험과 관련된 것이어야 한다. 또한 교사는 이들 활동을 개인적으로 새로운 단원 및 주제로서 추구하는 것이 바람직하다. 예술적 수정은 항상 실험적으로 접근해야 한다. 즉, 교사들은 학생그룹마다 여러 접근법을 시도해야 하며, 학생의 반응에 따라 접근법을 수정해야 한다.

마치 운동선수에게 준비운동이 신체적인 준비와 긍정적인 정신적 태도를 만들어 주는 것처럼, 비록 전에 여러 번 가르친 것이라도, 가르치기 전에 자료에 대해 심사숙고하는 것이 중요하다. 미리 준비되어 있는 교육과정 자료와 교사의 개인적인 참여 사이의 상호작용은 교수자료에 생기를 부어준다. 어떤 경우에, 교사들은 이미 준비된 자료에 개인적인 관심을 접목시킬 준비가 되어 있을 수 있지만, 일부 교사들은 준비하고 얼마간의 배경을 쌓을 기회가 필요하다. 특정 주제에 대한 보충서적은 정규자료에는 포함되어 있지 않은 비일상적인 통찰력, 논쟁, 거의 알려져 있지 않은 사실 혹은 더 깊은 정보를 소개하기도 한다.

가일의 예술적 수정과 예들

가일은 개인적 이야기와 실제를 사용해서 가르칠 교수자료에 생기를 불어넣고 개념적인 예를 제공하였다. 가일의 이야기는 학생의 흥미, 호기심 및 동기를 유발하였다. 몇 가지 이야기를 들려주어 어떻게 유사한 형식으로 자신의 경험을 이끌어내는지 보여주었다.

다음의 일화는 사우스 웨스트 루이지애나 대학의 교수인 샐리 도빈스(Sally Dobyns)의 예술적 수정의 한 예이다. 역사연구에서 일차적인 자료를 사용하는 레슨을 도입하기 전에 이 이야기를 들려주고, 새로운 개념을 학생들에게 도입할 때 개인적으로 관련된 이야기가 미치는 영향을 보여준다.

"샐리 앤"

나의 첫 번째 역사레슨은 가족이야기이다. 엄마는 막내 동생, 샐리에 대해 이야기를 들려주었다. 1934년에 태어난 샐리는 4형제 중 막내였다. 그녀는 천사의 얼굴을 가지고 있었고, 천진난만으로 가득 찼으며 항상 오빠와 언니들에게 장난을 걸었다. 물 그것도 아무 물이나 가지고 노는 것을 좋아했다. 할머니는 샐리가 강아지 밥그릇을 갖고 노는 것을 보신 후에는 부엌문을 잠가 두셨다. 오래지 않아, 목욕탕 문도 잠그게 되었다.

샐리가 가장 좋아하는 색깔은 파란색이었고 검은색은 싫어했다. 좋아하는 노래는 "I see the moon"이다. 두 살 때 이 노래를 배웠고 반복해서 여러 사람에게 들려주었다. 그녀는 결코 "낯선 사람을 만나본 적이 없었다." 아무나 좋아했다. 가족들이 마을에 나갔을 때, 그녀는 가게에 있는 사람들과 이야기하는 것을 좋아했다. 어느 날 샐리가 나가서 낯선 사람과 이야기와 노래를 하며 집에 들어오고 있는 것을 보고 할머니는 초초해하셨다.

샐리는 엄마의 빛이었다. 엄마는 샐리의 "작은 엄마"로, 샐리를 돌보고 때때로 가르쳤다. 할머니와 그분의 4명의 자녀 사진이 들어 있는 부드럽고, 붉은 색의 우단으로 만들어진 오래된 앨범을 가지고 있다. 사진 속에서, 엄마는 샐리의 등을 만지고 있거나 샐리의 작은 손을 잡고 있었다.

샐리가 다섯 살이 되던 해, 급성 인후염에 감염되었다. 1939년 당시조차도 페니실린이 치료약이었지만, 그것으로 충분하지 않았다. 나의 할머니는 가능한 모든 방법을 다 시도해보았다. 그러나 샐리의 심장까지 감염되기 시작했고 샐리는 마침내 미네소타에 있는 성 마리아 병원에서 죽었다.

12년 후에 나는 태어났다—첫 손자—그래서 엄마는 나에게 샐리라는 이름을 붙여주었다. 또한 엄마는 나에게 샐리에게 특별히 해주었듯이 그렇게 대해 주었다. 부모님, 동생들, 그리고 조부모님이 나의 일부인 것처럼 샐리도 나의 일부였다. 결코 만난 적이 없는 작은 소녀에게 친근감을 느꼈다. 어느 날 밤, 엄마와 나는 하늘을 쳐다보았다. 엄마는 가장 빛나는 별, "천국의 창문"을 통해 샐리가 나를 쳐다보고 있다고 말씀하셨다. 별들이 수호천사를 위한 창문이 된다는 생각은 내 어린 생각에도 맞다고 생각이 되었고 주의를 기울여 별을 볼 때면 아무 의심도 없었다. 나는 그것을 느낄 수 있었다. 지금 커서, 거의 다 자라서 나는 별에 대한 과학적 정의를 배웠다. 그러나 밤하늘을 볼 때면, 나의 눈은 가장 빛나는 별, 그 순간을 찾는다. 샐리를 아는 사람들은 샐리가 천사의 얼굴을 가졌다고 말했고, 나는 이것이 사실이라고 생각한다.

샐리에 대한 나의 이미지는 단지 이야기에서 만들어진 것이 아니다. 내가 기억하는 한, 엄마의 피아노 위에서 쳐다보고 있는 샐리의 초상화가 있다. 1948년 7월에 할머니께서는 오클라호마시티에서 리틀 락으로 차를 몰고 가서 초상화 화가 아드리안 브리워를 만났다. 할머니는 샐리와 함께 찍은 사진을 가지고 화가에게 작은 소녀 샐리의 이야기를 들려주었다. 초상화는 눈이 부셨다. 1948년 12월에, 초상화는 엄마의 피아노 위에 걸리게 되었다. 그 후, 피아노와 초상화는 나의 엄마의 집에 몇 년 동안 남아 있었다; 지금 피아노는 나의 집에 있고 초상화는 그 위에 걸려 있다. 나는 모든 원판 사진을 갖고 있고 모든 이야기를 들었다. 그래서 나는 초상화가 샐리의 다정함과 총명함을 그대로 그려내고 있다는 것을 안다–갈색 머리, 파란 눈의 소녀가 눈에 웃음을 머금고 데이지 꽃 들판에 앉아 있다.

엄마와 할머니는 "가족과 관련된" 것들은 결코 버리는 적이 없었다. 할머니가 돌아가신 후에, 엄마는 집에서 여러 개의 큰 상자를 가지고 나왔는데, 그 중에 하나는 종이, 사진, 일기와 편지로 가득 차 있었다. 14년 동안 아무도 이 상자를 손대지 않았다: 나는 그것이 있는지조차 알지 못했다. 엄마가 그렇게 빨리 돌아가신 후에, 난 상자를 찾아냈고 코네티컷에 있는 나의 집에 가지고 왔다. 외부 사람에게는, 이것은 쓰레기로 가득한 일상적인 종이상자로 보이겠지만 이 상자는 보물로 가득 차 있다. 그 중 하나에서, 나는 초상화, 샐리 앤에 대한 화가 안드리안 브리워 씨의 손으로 쓴 750달러짜리 원본 주문서를 찾아냈다. 또한 이 상자 안에는, 초상화가 완성되었다고 할머니에게 알려주는 타이프로 친 편지도 있었다. 할머니는 초상화를 가지러 리틀 락에 가셨다. 편지엔 이 초상화가 최고의 작품이라고 씌여 있었다. 11살과 12살 때 엄마가 쓰신 일기장과 1937년까지 할머니께서 쓰신 일기장도 찾아내었다. 어느 날, 나는 다섯 살짜리 샐리가 만든 종이오리기 눈송이를 발견했고 카드보드의 한 구석에 샐리가 쓴 알파벳이 있었다. 봉해진 봉투 안에는 샐리가 병원에서 마지막으로 만든 것들이 들어 있었다. 50년 전의 일이다. 그날, 이 잘 찢어지는 눈송이 하나를 펴들 때, 세월들이 쏟아져 나왔고 샐리의 손을 느낄 수 있었다.

내가 이 이야기를 말할 때, 처음엔 슬프게 보였다. 그렇다. 이 이야기는 나의 깊은 곳에서 나오는 것이기 때문에 이야기하기 어렵다. 깊은 곳에 들어가 이야기를 찾아낼 때마다, 지금은 없는 모든 사람을 생각하게 된다. 그렇지만 어릴 적 내가 만난 적이 없는 사람에 대한 퍼즐 조각을 갖는다는 바로 이점이 행복하게 만들어 주었고, 이 이야기를 할 때, 이것들을 전해 준 사람들에 대해서 생각할 수 있었다. 내가 나의 가족이야기를 하는 이유는 학생들에게 가족 구성원에 대해 배우고, 관련된 정보를 얻고 해석하는 것이 중요하다고 생각했기 때문이다. 자기를 아는 것은 중요하며, 왜 우리가 존재하고 누구인가 뿐 아니라, 우리가 적합한 곳에 있는지에 대해서도 생각하게 한다. 나에게 있어서, 샐리의 이야기와 초상화는 중요한 퍼즐의 한 조각이다. 그들은 후에 종이 상자에서 찾아낸 보물의 가치를 알려주는 틀이었다.

가족에 대한 다른 증거로, 샐리 외에도 조사하였다. 나는 샐리가 아플 때부터 초상화를 걸 때까지 9년 동안을 역사적 관점을 가지고 돌아볼 수 있었다. 그리고 그렇게 하는 동안, 난 엄마의 가족생활에 대해 알 수 있었다. 이 시기 동안, 제2차 세계대전이 발발하였고 샐리의 오빠는 낙하산병으로 발지 전투에서 다쳤다. 이 때, 엄마는 고등학교를 졸업하고 첫 직장생활을 시작하면서, 대학과정을 시작했고, 아빠를 만났다. 그 당시, 750달러는 큰 돈이었다. 나는 할머니가 알뜰히 돈을 모으고 좋은 화가를 찾아다니는 모습을 그릴 수 있었다; 할머니는 지금처럼 잘 뚫린 고속도로가 아닌 좁고, 울퉁불퉁한 길을 운전하여 2번이나 리틀 락에 가셨다. 할머니께서 전에 만난 적이 없는 화가와 어릴 적 기억을 함께 나누면서, 스튜디오에 앉아 계신 것이 눈에 선하다. 일기장에서 난 샐리의 생활사를 일대기적으로 알 수 있었다. 난 이 일에 대해서 가족 구성원이 어떻게 반응을 했는지 알 수 있었다. 눈송이를 들고, 아픈 동생의 침대 곁에 앉아서, 할머니를 위로하고 있는 엄마의 용기를 존경한다. 한 작은 소녀의 이야기를 또 다른 작은 소녀에게 들려주고 있는 분, 큰 상자 안에 기억을 저장해 두었던 분이 바로 엄마였다는 것을 말이다. 엄마에게 다시 이 상자를 들춰보는 것은 아마 너무 큰 고통이었을 것이다. 사랑, 지혜, 그리고 가족애로, 엄마는 누군가 이것을 발견할 수 있도록 보관했던 것이다.

교수산출물 메뉴

교수산출물 메뉴는 교사가 제시한 학습경험으로 비롯된 결과이다. 두 가지 종류의 산출물이 학습과정 중에 생긴다: 구체적인 산출물과 추상적인 산출물. 구체적인 산출물은 학생들이 대표적인 주제를 조사하고 교과의 원리, 개념 및 방법과 상호작용할 때 빚어지는 물리적인 구조이다. 이 물리적인 구조에는 에세이, 비디오, 드라마 및 실험 같은 산출물들이 포함된다. 추상적인 산출물에는 증진된 자기확신(self-confidence), 리더십 같은 관찰가능한 행동과 덜 눈에 띄지만 똑같이 중요한 산출물인 문제해결 책략과 지식구조 및 기능에 대한 평가가 포함된다. 중요한 것은 두 가지 종류의 산출물도 서로를 강화한다는 것이다. 학생들이 새로운 구체적인 산출물을 만들 때, 또한 방법론적 기술과 자기-확신 같은 추상적인 산출물이 생긴다. 유사하게, 자기-확신과 리더십 기회가 증가할수록, 부수적으로 물리적인 산출물도 만들어지게 된다.

교육과정 개발자는 [도표 4.9]와 [도표 4.10]에 있는 목록을 사용하여 학생들이 학습한 학습내용을 보여주는 여러 구체적 · 추상적 산출물을 만들 수 있다.

교수산출물 메뉴

I. 구체적인 산출물

A. 예술적 산출물

- 건축물
- 사진
- 자동차 디자인
- 모자이크
- 책표지/디자인
- 필름 스트립
- 원예 디자인
- 세트 디자인
- 비디오
- 보석
- 광고
- 포스터
- 직조
- 웹 페이지
- 납결
- 벽화
- 판화
- 지도
- 콜라주
- 만화
- 슬라이드 쇼
- 직물 디자인
- 합석 웨어
- 컴퓨터 디자인
- 디오라마
- 드로잉
- 테셀레이션
- 서예
- 정원 가꾸기
- 전시
- 장식
- 에칭
- 바느질
- 실크 스크린
- 모빌
- 만화 스크립
- 포장 디자인
- 도자기
- 수족관
- 가구 디자인
- 그래픽 디자인
- 다중매체 발표
- 퍼즐
- 테라리움
- 만화
- 조각
- 정치만화
- 인형
- 영화
- 패션 디자인
- 연감
- 우편엽서
- 금속 공예
- 페인팅
- 나무 조각

B. 공연 산출물

- 충자문
- 역할 놀이
- 시뮬레이션
- 극장 공연
- 보컬
- 운동경기
- 무용
- 마임
- 인형극
- 드라마 독백
- 코믹 공연
- 시범
- 필름/비디오
- 독자의 극장
- 시 낭송
- 즉흥시
- 음악공연
- 실험
- 음악 해석
- 작문
- 합창곡
- 콘서트
- 퍼레이드
- 재공연

C. 구어적 산출물

- 논쟁
- 연설
- 라디오 공연
- 광고
- 시 읽기
- 이야기 읽어주기
- 두 가지 톤의 시
- 세트 디자인
- 책 개관
- 전화대화
- 전래 역사
- 코미디
- 레슨 가르치기
- 강의
- 모의 재판
- 노래
- 세일즈 프로모션
- 시뮬레이션
- 슬라이드 쇼
- 직물 디자인
- 인터뷰
- 기사 리포터
- 아나운서
- 여행 안내자
- 의식
- DJ쇼
- 패널 토론
- 축하전문
- 해석
- 설교
- 모빌
- 시범
- 송덕문
- 오디오 테이프
- 타운 소식안내
- 말로 보고하기
- 책소개
- 연대기
- 포럼
- 수화
- 인형극
- 영화
- 선서
- 랩 음악
- 정보물
- 뉴스캐스트

[도표 4.9] 교수산출물 메뉴: 구체적 산출물 (계속됨).

교수산출물 메뉴

I. 구체적인 산출물

D. 시각적 산출물

- 비디오
- 인형
- 다이어그램
- 만화
- 포고물
- 테이블 세팅
- 스케치
- 풍자만화
- 목록
- 다중매체 발표
- 설계
- 슬라이드/디지털 사진
- 달력
- 모빌
- 여행 브로셔
- 컴퓨터 프로그램
- 페인팅
- 그래픽
- 실크 스크린
- 그래픽 오가나이저
- 얼음 조각
- 모델
- 컴퓨터 출력
- 악보
- 세트 디자인
- 운동 기술
- 연대기
- 패션 디자인
- 콜라주
- 지도
- 시범
- 도자기
- 조각
- 책 표지
- 실험
- 청사진
- 다이어그램/차트
- 사진

E. 모델/구조적 산출물

- 드라마 세팅
- 도관
- 로봇
- 순회 게시판
- 수집품
- 다리
- 책들
- 퀼트
- 컴퓨터
- 움직이는 모델
- 운동기구
- 가구
- 미로
- 등급 모델
- 정원
- 조각
- 테라리움
- 기계
- 종이 기술
- 세라믹
- 발명품
- 태양열 수집기
- 다중매체 발표
- 서류물
- 개미 농장
- 현미경
- 카탈로그
- 선물
- 새집
- 디오라마
- 구조 지도
- 온실
- 로켓
- 인형극 극장
- 학습 센터
- 음식
- 3차원 물건
- 수경농장
- 전시
- 건물
- 현미경 슬라이드
- 도구들
- 게시판
- 은신처
- 서식지
- 게임
- 공연시설
- 컴퓨터 프로그램
- 도자기
- 탈 것
- 그래프
- 가면
- 인터뷰
- 장난감

F. 리더십 산출물

- 연설
- 사업 조직
- 모의 재판
- 학습 프로젝트 봉사
- 주장
- 여론의 장
- 웹마스터
- 선거
- 계획
- 광고/채팅 룸을 인터넷에 설치
- 신문 편집
- 오픈 포럼
- 그룹 조직
- 논쟁
- 학교 순찰
- 음악 공연
- 기금 모집
- 계획 지시
- 역할 놀이
- 편집자
- 캠페인
- 선도 대회
- 클럽/교실
- 학생 회의

[도표 4.9] 교수산출물 메뉴: 구체적 산출물 (계속됨).

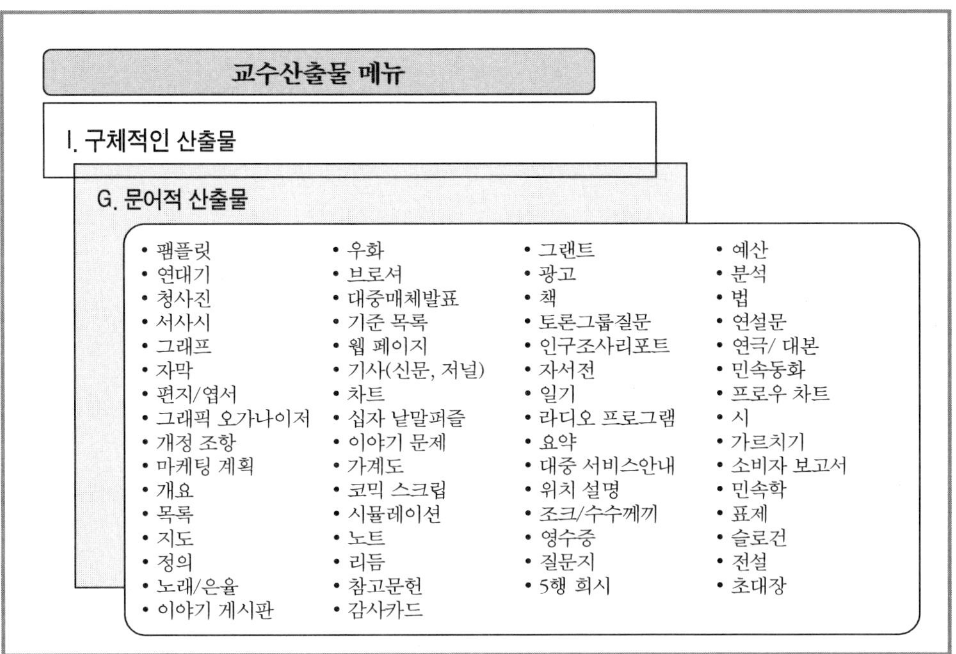

[도표 4.9] 교수산출물 메뉴: 구체적 산출물.

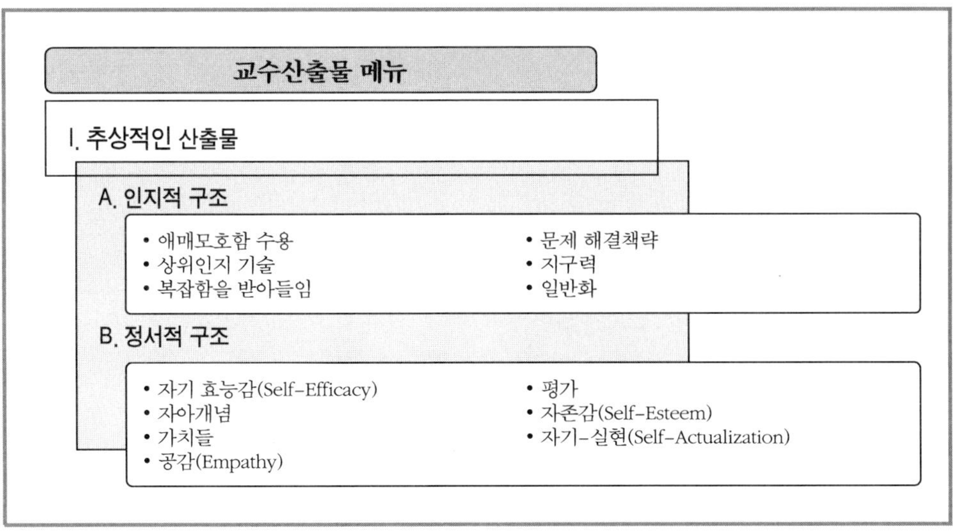

[도표 4.10] 교수산출물 메뉴: 추상적 산출물.

처음부터 꿈꾸지 않았다면 아무것도 일어나지 않는다.

—Carl Sandburg

교육과정 디자인: 모두 함께 놓아보기

다중메뉴모델의 목적은 지식과 교수기술 간에 균형과 조화를 이루고 교육과정 개발 과정에 있어서 추상적인 것부터 실제적인 것까지 다루는 것이다. 교육과정을 기술하는 것은 복잡한 과제이지만 교육과정 내용과 과정에서 유용한 대안을 구체적으로 기입하고, 여러 요인을 함께 묶어서 사용할 수 있는 절차를 지정함으로써 교육과정을 효과적으로 구성할 수 있다.

비록 대표적인 메뉴를 통해서 모델의 구조를 보여주는 여러 대안을 제시하기는 했지만, 두 가지 다른 조건이 모델을 효과적으로 사용하기 위해서는 필요하다. 첫째, 교육과정 개발자는 메뉴에 제시된 개념을 이해해야 한다. 교사가 만약 교수활동과 교수책략 개념을 실질적으로 이해하지 못하고 학습상황에서 이를 어떻게 활용할지 알지 못한다면 외삽(Extrapolation)과 같은 교수 활동과 시뮬레이션과 같은 교수책략을 적절하게 사용할 수 없을 것이다.

성공적으로 모델을 사용하기 위한 두 번째 조건은 실제적이거나 아웃풋 수준(예: 실제적인 쓰기 교육과정 자료)에서, 대표적인 메뉴를 합성할 수 있도록 돕는 계획 및 지침과 관련이 있다. 본 모델을 개발하는 데 있어서, 지식을 계획 과정의 중심으로 생각하고, 내용과 과정을 이해하는 것이 교수단원의 핵심임을 주의 깊게 고려해야 한다. 이들 모든 요소(메뉴)가 제대로 작용하도록 돕기 위해서 지식메뉴 각 섹션마다 계획용지와 모형을 만들었다(부록 A와 B). 교사는 아이디어 수집을 시작할 때, 레슨 계획지침(Lesson Planning Guides)이라고 하는 형식을 사용할 수 있다. 이들 네 가지 지침은 지식메뉴의 4 섹션을 작성하는데 도움이 되는 제안점들과 질문사항을 포함하고 있다. 각 계획지침은 교육과정 개발자에게 다음과 같은 것을 요구한다:

- 연구분야의 위치, 정의 및 조직을 파악한다.
- 단원의 핵심적인 구조가 되는 원리와 개념을 결정한다.
- 학생에게 가르칠 방법론을 선택하고 원리와 개념 이면에 있는 의미를 발견하게 한다.
- 기본적인 원리, 개념 및 방법론을 적용할 대표적인 주제를 선택한다.

레슨계획지침의 구조를 통해서, 교육과정 개발자는 내용을 준비하는 시점에서 각각의 교수기술메뉴를 생각하게 된다. 메뉴와 계획지침의 방향 제시에 따라, 교육과정 개발자는 선택범위를 더 넓게 생각하고, 교육과정을 개발할 때 균형과 포괄성을 성취할 수 있도록 많은 요인들을 상호 결부짓게 된다.

다음의 레슨 계획지침의 모형은 그래픽 조직체 혹은 특별한 내용과 과정을 기록할 수 있도록 고안해 놓은 자료수집 도구이다. 다중메뉴 단원 계획(Multiple Menu Unit Plan, 부록 B 참조)은 일종의 모형으로 교사들이 지식메뉴의 각 섹션에서 개발한 레슨을 게시할 때 사용할 수 있다. 이와 같은 형식을 사용함으로써 메뉴 개발자들은 학습활동을 구조화할 때 염두에 두어야 하는 다양한 메뉴를 생각하게 된다. 여러 다른 레슨과 교수단원 중에서 어떤 것을 고를지 미리 살펴봄으로써, 교육과정 작성자는 여러 범주의 지식, 목적, 교수책략 및 메뉴마다 특정한 기술들을 똑같이 생각할지 아닌지를 결정할 수 있다.

예술적 수정 모형(부록 B 참조)을 통해서, 교사들은 가르칠 레슨이 적절하도록 예술적 수정을 할 때, 아이디어를 얻을 수 있다. 교사는 학생들과 나눌 그 학습내용에 대한 자신의 경험을 생각해야 한다.

다중메뉴모델을 지도하면서 알게 된 것

다중메뉴모델을 사용해 본 교사들은 그들 손에 넘겨진 교육과정이 바로 어떤 특정한 목적을 달성하도록 만들어진 것이라는 결론을 내렸다. 보다 좋은 교육과정의 단원을 만들기 위해서, 교사들은 어떻게 다중메뉴모델을 효과적으로 사용할 것인지 질문을 하였다. 아래의 내용은 교육과정을 기술하려는 교사들을 위한 몇 가지 제안점이다.

1. 궁극적인 결과는 무엇인가?

목적은 연구분야 혹은 교과에 바탕을 두고 단원을 작성하는 것이다. 단원은 4개 섹션으로 나뉘며, 각각은 지식의 구조에 기초한다. 각 단원의 섹션에는 교수기술 메뉴를 사용해서 개발한 학습활동이 있다. 이 활동의 목적은 학생들로 하여금 어떻게 교과가 조직되는지, 교과의 내용이 어떤 원리와 개념으로 조직되는지, 무슨 방법을 사용하여 이 교과를 학습할 것인지, 어떤 영역 및 주제에 개념, 원리와 방법을 적용할 수 있는지 학생들의 이해를 돕는 것이다. 다중메뉴모델은 교사와 학생을 과목의 핵심으로 끌어들여, 이 분야의 전문가가 사용하는 방법론을 이해하고 정보를 연구할 수 있도록 한다. 따라서 교사의 교수단원을 통해서, 학습자는 직접 조사를 하고 정보를 창출하게 되며, 단순히 정보를 소비하는 경험보다는 집중적이고 생산적으로 학습에 참여하게 된다.

2. 연구분야는 무엇인가?

첫 번째 과제는 교사가 열정을 가지고 있거나 친숙한 지식분야를 선택하는 것이다. 교육과정을 개발하는 것은 지루할 수 있다; 그러므로, 교육과정 작성자들은 자신이 선택한 분야에 지속적으로 흥미를 유지하는 것이 중요하다. 학생 연구프로젝트, 이 주제에 흥미가 있으므로 해서, 교육과정 개발자는 과제를 완수하도록 동기를 부여한다. 경험상, 가장 성공적인 단원은 교사 자신이 교육과정을 기술하는 과정 속에 참여하여 작성한 단원이 가장 성공적인 것이었다. 교사가 자신의 단원을 개발할 때, 교사는 교육과정 모델, 모델의 구성 요소와 교육과정의 핵심으로 선정하였던 연구분야의 구조를 이해하려고 노력을 기울이게 된다.

또한 교사들은 어떤 주제가 들어 있는 연구분야를 찾으려고 한다. 어떤 경우에, 교사들은 더 넓은 연구분야 내에서 원리와 개념을 찾아야 할 때가 있다. 예를 들어, 고고학 단원에서, 가일은 인류학 분야에서 개념과 원리를 찾았다. 다른 예로, 어느 4학년 교사의 "씨앗들이 여행하는 방법"에 관한 단원의 개발에서 볼 수 있다. 이것은 매해 4학년에게 소개하는 과학 교과서에 수록되어 있는 주제이다. 학생들이 이 주제를 적절한 맥락에 놓고, 아이디어 전체를 들여다 볼 수 있도록 하기 위해 교사는 식물학을 연구하게 되었으며, 이 분야에서 기본적인 개념 중 하나가 식물의 재생산이라는 것을 알게 되었다. 아티클을 읽어 식물학을 연구하고, 방법론에 관한 책을 찾아보고, 식물학자를 찾아가 본 후에, 교과서의 자료가 너무 단순해서 학생을 가르칠 만한 깊이가 되지 못한다고 생각하게 되었다. 교과로 다시 돌아와서, 이 교사는 식물학자의 역할을 가정해 보는 학습경험을 만들어서 학생들에게 더 적절하고 진정한 맥락에서 "씨앗들이 여행하는 방법"을 가르칠 수 있었다.

학습영역을 선택하기 위해서, 교과의 특징을 이해하는 것이 도움이 된다. 이들 교과 특징들은 교육과정 개발자로 하여금 적절한 교과 내에서 주제를 선정하고 있다는 확신을 준다. 예를 들어, 거품학(Bubbleology)은 광학과 표면장력을 연구하는 재미있는 방법이지만, 거품학에 대한 이해를 학생들에게 제공하는 것은 물리학의 개념과 원리들이다. 닉슨(Nixon, 1976)은 특징을 목록으로 만들어 교육과정 작성자들이 선택한 학습영역이 정당한 것인지 여부를 결정하는 데 도움을 주었다[도표 5.1].

또한 여러 지식영역에 대한 현재의 지식수준을 먼저 살펴보고 시작하는 것이 교사에게 도움이 된다. 종종, 교과서 구조 때문에, 교사들은 제시하는 정보나 내용이 어디에서 나온 것인지 식견을 잃어버릴 때가 있다. 주제를 가르치는 과정 중에, 교사들은 지식을 적절한 맥락에 놓지 않아서, 학생들이 학습하는 조직의 구조를 개발하는데 도움이 되지 못한다. [도표 5.2]에 있는 학문들과 Ography 차트는 지식분야를 잘 나타낸다. 교사들은 이 차트의 오른편에 있는, 중요 교수단원으로 사용해 왔던 전형적인 주제들을 잘 살펴봐야 한다. 교사들은 학습의 대표적인 영역 내에서 주제를 조직하여, 학습자가 진정한 그리고 정확한 방식으로 내용을 배울 수 있도록 권장해야 한다.

교과 기준

확인 가능한 영역:	교과 및 연구분야에 종사하는 사람은 주요한 질문을 제기하고, 중요한 주제를 다루고, 조사영역을 유지하고, 흥미 있는 것을 포함하고, 출발점과 목표가 있어야 한다.
역사와 전통:	연구의 한 부분으로 학구적으로 추구할 기존의 역사와 전통이 있어야 한다.
구조:	연구분야에는 기본적인 개념들이 있어야 한다. 연구 개념간의 관계, 개념과 교과의 사실(fact) 간에도 관계가 있어야 한다.
통합성:	교과는 전체성, 비개인성, 그리고 완성도가 있어야 한다.
절차와 방법:	교과는 지식을 얻을 때 개념적, 기술적, 기계적인 도구를 사용해야 한다. 교과에는 일련의 규칙과 기본적인 과정이 있어서 알고 배우는 방식을 이끌어야 한다.
과정:	과정은 결과, 지식, 원리 및 일반화처럼 연구의 한 부분이 되어야 한다.
정확한 언어:	내부, 외부와 정확하고 주의 깊은 의사소통이 교과의 한 부분이 되어야 한다.

[도표 5.1] 교과의 기준.

3. 어떻게 원리, 개념 및 방법론을 찾을 수 있는가?

- **개념전문가.** 교육과정을 작성하는 사람은 특정 교과 분야에서 기본적인 원리, 기능적인 개념, 방법론, 그리고 교과의 대표적인 주제의 진위를 파악할 수 있는 내용 혹은 지식 상담자로 활동할 만한 사람을 알고 있다. 내용영역 상담자는 교육과정 개발자의 시간과 노력을 절약해 줄 수 있다. 어떤 의미에선, 내용전문가는 교수전문가의 전문성을 활용함으로써 시간과 노

력을 절약해 줄 수 있다.

교사는 현재 특정 지식 영역에서 전문적으로 활동하는 사람을 초대하여 어떻게 그들이 연구를 실시하는지 학생들에게 보여줄 수 있다. 이들 전문가들은 교사가 적절한 절차나 기술을 잘 알지 못할 때, 자료를 수집하는 특별한 장비를 어떻게 사용하는지 가르쳐 줄 수 있다. 그들은 개인 혹은 집단으로 연구를 하는 학생의 멘토 역할을 할 수도 있다. 그리고 교사의 개인적인 멘토로서 특정 학습영역에 대해 더 많은 지식을 얻도록 도울 수 있다. 예를 들어, 뉴턴의 법칙을 4학년 학생들에게 도입하는데 지역사회 정형외과 의사의 도움을 얻을 수 있다. 이 의사는 모형 로켓실험을 좋아해서 로켓을 만들었다. 그는 뉴턴의 법칙에 대한 교사의 지식을 확장해 줌은 물론 로켓의 비행패턴을 추적할 수 있는 장비와 컴퓨터 소프트웨어를 가지고 있었다. 수요일에 이 추적 장치를 교실에 가지고 여러 과학적인 원리를 실험하는 로켓을 디자인하는 데 도움을 주었다. 이 의사로부터 학생들은 로켓에 대해 배울 수 있었으며, 교사 역시 그와 함께 작업을 하면서 로켓에 대한 이해를 높일 수 있었다. 전문가 수준에서 모든 방법론, 원리와 개념을 알기란 불가능하므로, 교사는 열심히 높은 지식수준을 학생에게 제공할 수 있는 사람을 찾아야 한다. 종종 내용전문가들은 학교에서는 가능하지 않은 장비와 기술을 학생에게 소개하는데 도움을 주곤 한다. 교사들은 학생들에게 가르치려고 하는 내용과 과정을 학습하는 기회를 마련할 수 있도록 전문가에게 협조를 요청해야 한다.

학문과 Ography를 알고 있는가?

1. 고층 기상학 (Aerology) ·············· 비행과 관련된 대기 (x) ······························ 에 대한 학문이다.
2. 인류학 (Anthropology) ··············· 인류 (oo) ·· 에 대한 학문이다.
3. 거미학 (Araenology) ················· 거미 (gg) ·· 에 대한 학문이다.
4. 고고학 (Archaeology) ················· 물건 및 유물을 통해 과거 문화를 설명(y) ···· 에 대한 학문이다.
5. 천문학 (Astronomy) ··················· 별 (pp) ·· 에 대한 학문이다.
6. 음향학 (Audiology) ···················· 청각 (s) ··· 에 대한 학문이다.
7. 심장학 (Cardiology) ··················· 심장 (uu) ·· 에 대한 학문이다.
8. 지도제작 (Cartography) ·············· 지도 (xx) ·· 에 대한 학문이다.
9. 고래학 (Cetology) ······················ 고래 (o) ··· 에 대한 학문이다.
10. 안무학 (Choreography) ·············· 무용 (l) ··· 에 대한 학문이다.
11. 연대학 (Chronology) ·················· 시간 계열 (k) ··· 에 대한 학문이다.
12. 영화촬영술 (Cinematography) ····· 움직이는 영상 (e) ·································· 에 대한 학문이다.
13. 암호학 (Cryptology) ··················· 해독 코드 (ee) ·· 에 대한 학문이다.
14. 결정학 (Crystallography) ··········· 크리스탈 분류 (aa) ································· 에 대한 학문이다.
15. 세포학 (Cytology) ······················ 세포 (ll) ··· 에 대한 학문이다.
16. 인구학 (Demography) ················· 인구, 크기, 밀도와 분포 (m) ···················· 에 대한 학문이다.
17. 악마연구 (Demonology) ·············· 나쁜 영혼 (a) ··· 에 대한 학문이다.
18. 피부학 (Dermatology) ················ 피부 (v) ··· 에 대한 학문이다.
19. 생태학 (Ecology) ······················· 유기체와 그들의 환경 (qq) ······················ 에 대한 학문이다.
20. 곤충학 (Entomology) ················· 곤충 (ii) ·· 에 대한 학문이다.
21. 의생태학 (Epidemiology) ············ 전염병 (f) ··· 에 대한 학문이다.
22. 인식론 (Epistemology) ··············· 지식 (w) ·· 에 대한 학문이다.
23. 민족지학 (Ethnography) ············· 특정 문화에 대한 기술 (d) ······················· 에 대한 학문이다.
24. 어원학 (Etymology) ···················· 단어의 기원 (i) ······································· 에 대한 학문이다.
25. 보석학 (Gemology) ····················· 보석 (hh) ·· 에 대한 학문이다.
26. 계보학 (Genealogy) ···················· 조상 (jj) ··· 에 대한 학문이다.
27. 지리학 (Geography) ···················· 지구 표면 변화 (b) ··································· 에 대한 학문이다.
28. 지질학 (Geology) ························ 지구 표면 (dd) ·· 에 대한 학문이다.
29. 노인병학 (Gerontology) ·············· 노화 (c) ··· 에 대한 학문이다.
30. 관적학 (Graphology) ··················· 필체 (h) ··· 에 대한 학문이다.

[도표 5.2] 학문들 (계속됨).

31. 파충류학 (Herpetology) ············ 파충류 (rr) ············ 에 대한 학문이다.
32. 조직학 (Histology) ············ 살아 있는 세포조직 (q) ············ 에 대한 학문이다.
33. 홀로그래피 (Holography) ············ 이미지를 만드는 레이저 빛 (mm) ············ 에 대한 학문이다.
34. 수문학 (Hydrology) ············ 물 (ww) ············ 에 대한 학문이다.
35. 어류학 (Ichthyology) ············ 물고기 (cc) ············ 에 대한 학문이다.
36. 후두학 (Laryngology) ············ 기관지 (vv) ············ 에 대한 학문이다.
37. 석판화 (Lithography) ············ 평면인쇄 (ff) ············ 에 대한 학문이다.
38. 기상학 (Meteorology) ············ 기상과 기후 (g) ············ 에 대한 학문이다.
39. 개미학 (Myrmecology) ············ 개미 (nn) ············ 에 대한 학문이다.
40. 해양학 (Oceanography) ············ 해양환경 (tt) ············ 에 대한 학문이다.
41. 존재론 (Ontology) ············ 존재 (n) ············ 에 대한 학문이다.
42. 조류학 (Ornithology) ············ 새 (j) ············ 에 대한 학문이다.
43. 골해부학 (Osteology) ············ 뼈 (t) ············ 에 대한 학문이다.
44. 이과학 (Otology) ············ 귀 (u) ············ 에 대한 학문이다.
45. 고유물연구 (Paleography) ············ 고대문서 (z) ············ 에 대한 학문이다.
46. 고생물학 (Paleontology) ············ 화석 (bb) ············ 에 대한 학문이다.
47. 형벌학 (Penology) ············ 감옥과 벌칙 (kk) ············ 에 대한 학문이다.
48. 암석학 (Petrology) ············ 광물 (r) ············ 에 대한 학문이다.
49. 사진학 (Photography) ············ 빛으로 만들어진 이미지 (p) ············ 에 대한 학문이다.
50. 심리학 (Psychology) ············ 정신, 감정 및 행동 (ss) ············ 에 대한 학문이다.

괄호에 있는 문자는 iii쪽에 있는 퀴즈의 답

[도표 5.2] 학문들.

- **참고 도서관 사서.** 전문적인 도움을 줄 수 있는 또 다른 사람이 바로 도서관 사서이다. 도서관 사서는 많은 교과의 구조를 잘 알고 있으며 교육과정 활동을 만들 때 참고자료가 어디 있는지 찾는 데 도움을 준다. 또한 다른 대학에 소장된 자료를 얻거나 전자 매체를 통해서 다른 전문가에게 도움을 얻을 수 있도록 교육과정 작성자를 도와준다.

- **학문기준**. 교사는 여러 교육과정 집단이 기술해 놓은 전문적인 학문기준을 살펴봐서(예: 국립 수학교사협회, 국립 과학교육협회, 사회과학협회 등), 내용 영역 내의 대표적인 주제, 원리, 개념 및 방법론을 파악할 수 있다. 종종 교육과정 개발자들은 3장에서 이미 살펴본 형식으로 원리와 개념을 반영할 수 있도록 이들 기준을 다시 기술해야 한다. 전형적으로 이들 자료들은 방법론 목록을 제시하고 있지만 기술과 절차를 진술하는 책들도 있다. 결과적으로, 교사들은 대학교과서에 있는 실험 매뉴얼 및 더 상세히 방법을 설명하고 있는 책을 찾아봐야 한다. 대개, 방법에 관한 책들은 학생들로 하여금 특정 분야에서 사용하는 방법론적으로 중요한 기술과 절차를 학습할 수 있도록 돕는다(부록 D 참조).

- **인터넷**. 인터넷은 정보를 찾는 좋은 수단이다. 인터넷으로 교사들은 거의 모든 지식영역에서 데이터베이스 및 기관을 찾아보고 전문가에게 말을 건넬 수도 있다. 일반적으로 역사적인 기록자료를 복사하거나 중요한 발견 및 대표적인 주제에 대한 흥미있는 정보도 찾을 수 있다. 예를 들어, 고고학 정보를 찾을 때, 가일은 학생의 멘토가 될 만한 고고학자를 찾고 정보를 요청하려고 전문적인 기관을 찾아보고, 웹사이트에서 학생들이 여러 문명에 대한 정보를 찾을 수 있도록 하였고, 고고학으로 유명한 대학교에 접속하였다.

- **백과사전**. 브리태니커 백과사전 같은 매체를 사용하여 여러 교과에 대해 조사하고 지식 나무(Knowledge Tree)를 만들 때 도움을 얻을 수 있다. 교사들은 대중 매체 사전을 사용해서 교과

에 관련된 연구분야를 파악하고, 어떻게 교과를 조직할지 도움을 제공할 수 있다. 이와 같은 백과사전은 교과의 개요를 제공하기 때문에 교육과정 작성자들이 지식 나무를 고안할 때 도움이 된다.

- **저널**. 교과에 관련된 연구 아티클, 연구논문, 정부간행물 및 잡지 같은 참고자료 또한 정보를 얻는데 도움이 된다. *Dragonfly*(미국과학 연구에서 발행하는), 소비자 보고서(Consumer Report), 과학 소식지(Science News), 그 외 전문적인 내용을 다루는 잡지를 찾아봄으로써, 교사들은 흥미 있고 종종 논쟁이 되는 문제를 찾을 수 있다. 대부분의 연구분야별로 흥미 있는 독자들에게 정보를 전달해주는 전문적인 연구저널 외에도 소비자에게 친숙한 잡지들도 있다. 어떤 경우엔, 발행자들은 유사한 목적 그렇지만 어린이 수준에서 볼 수 있는 아동용 잡지를 발행하기도 한다. *Dragonfly*는 어린 학생을 위한 잡지로 학생들이 실시한 연구를 게재한다. 발행은 학생들이 연구한 분야의 주제와 전문성에 기초한다. 연구의 예로 들 수 있는 것이 *Investigating people and plant*이다. 한 학생이 민족식물학자인 아버지를 인터뷰하고 쓴 아티클이다. 이 학생은 아버지의 연구와 연구유형을 기술하고, 다른 사람들이 어떻게 아버지의 연구를 사용할 수 있는지를 강조했다. 또한 이 잡지는 연구자들이 제시한 연구 아이디어도 게재하여 학생들이 얼마간 폭넓게 조사에 참여할 수 있도록 권장한다.

4. 교육과정을 작성하는 과정에 도움이 되는 자료가 있는가?

교육과정 작성자들은 학생들이 네 가지 내용 영역을 이해하는 데 도움이 되는 활동을 고안할 때, 블룸의 분류학(Bloom's Taxonomy, 1954)를 사용해야 한다.

5. 레슨이 학생의 상상력을 자극하는지 아닌지 어떻게 알 수 있는가?

"훌륭한 교수는 상상력을 자극하며, 효과적인 교사는 학습자의 상상력을 불러일으키는 자료를 선택한다"(Phenix, 1964, p. 342). 학생의 상상력을 유발하기 위해서, 의미 있는 방식으로 내용을 조사하는 과정에 학생을 참여시켜야 한다. 교수책략을 선택할 때, 교사는 다음과 같은 질문을 생각해 봐야 한다. "이와 같은 내용을 배우는데 있어서 어떤 유형의 활동이 학생들을 적극적으로 끌어들이는가?" "개념에 대한 지식을 적극적으로 구조화하도록 무슨 방법론적인 기술로 가르칠 것인가?" "학생들이 직접적으로 지식에 맞닥치도록 무슨 질문을 던져야 할 것인가?" 그리고 "개념을 조사할 때 학생들에게 관련이 있으면서 어려운 문제는 무엇인가?" 교사가 이들 문제를 집고 넘어가는 교육과정을 고안할 때, 학생들은 자신의 행동 이면의 목적을 알아야 한다. 학생들은 개념과 아이디어 이면에 있는 어떤 것을 구조화하는데 중요한 역할을 했다고 느껴야 한다.

모든 교육과정의 가장 혹독한 평가자는 바로 학생이다. 만약 교사가 학생의 상상력에 호소하는 교육활동을 개발하려고 했다면, 학생을 먼저 생각한 단원 혹은 활동을 시도해야 하며, 그들의 반응을 묻고, 그리고 나서 적절하게 조절해야 한다.

6. 다른 사람들도 이와 같은 과제를 달성하도록 도움을 줄 만한 조직적인 기술이 있는가?

교육과정을 작성하는 경험을 조직하기 위해서, 단원의 각 섹션마다 파일을 만드는 것이 좋다. 이 파일을 사용해서 매 단원의 섹션마다 활동을 개발할 때 아이디어와 자료를 수집할 수 있다. 예술적 수정 아이디어와 교수지원자료 파일 또한 유용하다. 한편 조직하는 것을 좋아하는 교육과정 작성자는 이 방법을 좋아하지만 어떤 사람은 덜 조직적인 파일처리 접근법을 선호할 지도 모른다.

이미 시중에 나온 교육과정 자료들도 유용한 경우가 있어 학생들이 내용과 과정 지식을 얻도록 도움을 주고 있다. 교육과정 개발자들이 어떻게 지식이 구조화되는지 이해할 때, 이들 교육과정을 적절히 사용해서 교사는 특정 개념과 방법론에 대한 학생의 이해를 증진할 수 있다.

7. 예술적 수정의 중요성을 이해하지 못했다. 왜 이 메뉴를 사용해야 하는가?

교사는 예술적 수정 메뉴에 특별한 관심을 기울여야 한다! 예술적 수정을 통해서, 교사의 흥미와 학생의 흥미가 가장 먼저 충족될 수 있다. 예술적 수정책략을 빈번히 사용함으로써 학생들을 선택한 지식영역으로 끌어들이고 권장하게 된다. 개인적인 경험과 배경을 매 단원에 삽입함으로써, 교사와 학생은 흥미를 서로 나누고, 학생들은 자기 자신의 경험에 대해 생각하게 된다. 그리고 학생들은 그 주제에 대한 열정을 키우게 된다. 비록 극적인 결과에서 어린 시절 좋아하던 만화스크립트를 나누는 것까지 여러 책략을 사용할 수 있다고 해도, 중요한 것은, 진정한 예술적 수정은 바로 내용에 대한 개인적 경험이라는 것이다.

8. 다중메뉴모델을 모든 유형의 학습자에게 사용할 수 있는가?

교육과정 작성자들은 다중메뉴모델을 사용해서 학습자의 유형에 맞게 교육과정을 차별화할 수 있다. 다중메뉴모델은 지식을 조직하고 추구하는데 우선권을 둔다; 조사방법론을 사용하기; 복잡한 구조, 원리, 개념 및 조사방법을 다루기; 고등 사고기술과 덜 구조화된 교수책략, 논쟁거리가 되는 문제, 신념 및 가치를 강조하기; 유행을 따르는 주제와 일시적인 정보에 상반되는 개념과 원리를 가르치기; 과정개발의 도구로서 사용되는 대표적인 주제에 초점을 맞추기; 그리고 사실을 그대로 습득하기보다는 구체적·추상적인 산출물을 강조하기. 교육과정 개발자는 어떻게 레슨을 차별화하여 교실 내 학생의 다양성, 개별 학생의 학습 프로파일(예: 학생의 강점, 내용과 기술 성취도, 흥미와 스타일)을 충족시킬 것인지 염두에 두어야 한다. 교사의 질문, 개념과 원리를 보여주는 예, 교사가 선택한 과정, 교수자료에 따라, 네 가지 지식 영역의 깊이와 복잡성 및 구체성과 추상성을 다양하게 할 수 있다. 교사는 학생과 관련하여 이상의 것을 인식하고 있어야 하며, 개인적인 수준에서 학생을 파악해야 한다.

다중메뉴모델의 특성은 영재아를 위한 교육과정의 차별화 원리와 일치한다(Passow, 1983). 영재교육과정의 원리들은 교과의 구조를 이해하고, 직접 학생들이 방법론적인 기술을 사용해 보고, 진보적인 수준의 내용과 개념을 탐색하는데 주안점을 둔다.

다중메뉴모델 또한 학교가 아닌 환경에서도 효과적이다. 토요일 프로그램 혹은 여름 캠프 동안에, 연구분야의 원리와 개념을 배우고, 단기간에 방법론을 적용해 보고, 관련된 주제를 깊이 탐색해 보고, 전문가와 함께 할 수 있는 기회를 제공하는데 이 모델을 사용하는 여러 교사를 보아왔다. 학생들은 1주 혹은 2주 캠프 동안에 참여하고 싶은 연구분야를 선택한 후(예: 식물학, 영화촬영법, 건축 디자인, 음악학 등), 산출물을 만드는 데 멘토나 다른 흥미 있는 어른과 함께 활동한다.

부록 A

레슨 계획 지침

지식 나무 구조화

목적:

선택한 연구분야가 어느 위치에 놓일 수 있는지 그래픽으로 (지식 나무) 구조화함으로써 연구분야 내에서 그 하위부분과의 관계에 대한 정보를 제공하는 것이다.

자료:

- 대학 교과서
- 내용 기준
- Macropedias
- 내용영역 전문가
- 참고서적
- 카드 카탈로그
- Micropedias

단계:

I. 연구

1. 위에서 열거한 연구자료를 사용한다. 연구분야가 어떻게 더 넓은 영역의 학습에 포함되는지 이해하기 위해서 연구자료를 읽는다. 다음과 같은 질문에 대답을 찾아야 한다.
   - 이 연구분야 내에 무슨 하위분야가 있는가?
   - 어떻게 이 연구분야가 다른 분야와 관련되는가? 그리고
   - 어떻게 연구분야 내에 있는 하위분야들이 서로 관계가 있는가?
2. 도서관에 있는 macropedia, micropedia 및 카드 카탈로그를 사용해서 어떻게 선택한 연구분야가 조직되고 하위분야로 나뉘는지 조

사한다.

3. 일반 그리고 특수 참고서적을 조사해서 저자나 연구자들이 어떻게 연구분야를 나타내고 있는지 찾아본다(대부분 도입부에 연구분야에 대한 개요가 있다). 어떤 참고서적에는, 특정 연구분야를 규정하기 쉽게 지식 나무를 제시한 경우도 있다.

4. 일반적으로 어떻게 지식이 조직되고 나뉘는지 도서관 사서와 의논한다. 도서관은 지식 나무 유형의 시스템을 사용해서 조직된다.

5. 어떻게 연구분야가 조직되는지 그 분야의 전문가에게 질문한다. 지식분야와 관련 있는 연구분야를 조사할 "고전"으로 꼽히는 교과서뿐 아니라 이 문제를 다루고 있는 자료에 대해 질문한다.

6. 대학서점을 찾아가 보충자료를 찾는다. 지침서, 실험서적, 연구지침, 차트, 과제물, 그리고 논문을 통해 이해를 넓힐 수 있다.

II. 목록작성

연구분야를 조사한 후에, 다음 단계는 여러 목록으로 정보를 조직하는 것이다.

1. 지식의 일반적인 부분을 목록으로 만든다(예술, 과학, 인문과학 등).

2. 위의 일반적인 목록에 2차 목록이 되는 연구분야를 포함시킨다. 예를 들어, 과학 영역 내에 생물학, 화학, 물리학 등과 같은 주제를 포함시킨다.

3. 3차 목록으로 연구분야에서 볼 수 있는 하위부분과 주제를 포함시

킨다.

Ⅲ. 지식 나무 그리기

1. 대략적인 그래프 조직도, 다이어그램, 웹 혹은 나무를 만들어서 여러분이 연구하는 분야의 하위분야는 물론 전반적인 지식영역에서 차지하는 위치를 나타내고, 보여주고, 조직한다. 지식나무 모형을 사용해서 그래프 조직도를 만든다. 화살표 등의 여러 상징기호를 사용해서 하위분야 간 그리고 하위분야 내에 존재하는 관계를 나타낸다.

2. 지식 전문가와 교수전문가에게 이 초안을 보여주고 이것이 얼마나 잘 연구분야와 그 하위부분을 나타내는지 피드백을 받는다.

Ⅳ. 지식 나무 수정

1. 전문가로부터 받은 정보를 사용하여, 지식 나무를 수정할 때 다음의 질문을 생각해 본다.
   - 지식 나무가 논리적인가?

     일반적인 영역에서 시작하여 점점 특별한 영역을 다루는가?

     하위분야로 그 영역을 점점 좁히는가?

     수행하고 이해하기 쉬운가?
   - 지식 나무는 정확한가?

     연구분야들의 관계를 정확히 연결하고 있는가?

     연구분야들이 정확한 방향의 흐름을 가지는가?

     하위영역의 공간과 크기가 정확한가?
   - 지식 나무는 분명한가?

다른 사람이 연구영역을 읽고 이해할 수 있는가?
쉽게 지식 나무를 다른 사람에게 설명할 수 있는가?

- 지식 나무를 가르칠 수 있는 가?
  연구분야를 나타내는가?
  연구분야를 조직하는가?
  학생들의 관심을 끌고 유지할 것인가?
- 지식 나무는 예술적으로 호소력이 있는가?
  적절하게 공간에 배치하였는가?
  의미 있는 상징을 사용하는가?
  페이지에 매력적으로 배치되었는가?

V. 지식 나무의 2차 초안

1. 종이 한 장에 지식 나무의 2차 초안을 작성한다.
2. 그 분야에서 심도 있게 연구할 수 있도록 3~5개 핵심적인 참고문헌 목록을 만든다.

VI. 지식 나무 현장검증

1. 지식 나무를 친구, 동료, 그 분야 전문가에게 보여주고 피드백을 요청한다.
2. 소그룹에서 지식 나무를 사용한다. 오리엔테이션을 실시하여 학생들이 지식 나무에서 파악해야 하는 연구분야에 익숙하게 한다. 학생의 반응과 응답을 기록한다. 지식 나무가 학생을 위한 연구영역을 나타내고 조직하는지 결정한다. 현장검증의 결과에 의거하여 부가적으로 수정한다.

섹션 1: 지식분야의 위치, 정의 및 조직 파악

목적:

지식분야의 위치, 정의 및 조직하기; 분야의 일반적인 속성을 설명하기; 어떤 특정 연구분야가 지식의 큰 상(Big Image)에 적합한지 이해하기; 연구분야 내 하위분야들 간의 관계를 설명하기.

자료:

- 대학 교과서
- 참고서적
- 지식 나무
- 교수자료

단계:

1. 학생연령 및 학년을 고려한 다음 섹션 1 단원 질문을 통해서 연구분야의 위치, 조직 및 정의를 내린다. 정보를 조직할 때 정보수집모형을 사용한다(Gathering Information Template).

    - 연구분야를 어떻게 정의할 것인가?
    - 연구의 전반적인 목적은 무엇인가?
    - 각 하위분야를 집결시키는 주요 영역은 무엇인가?
    - 각 하위분야에서 어떤 유형의 질문을 할 것인가?
    - 각 하위영역의 주요 자료원은 무엇인가?
    - 어떻게 분야와 그 하위분야에서 지식을 조직하고 분류할 것인가?
    - 분야와 하위분야의 기본적인 참고문헌은 무엇인가?
    - 주요 전문적인 저널은 무엇인가?
    - 주요 데이터베이스는 무엇인가? 어떻게 이 데이터베이스에 접근할 것인가?

- 하위분야를 더 잘 이해하도록 도움이 되는 역사적 혹은 연대기적 사건이 있는가?
- 연구분야에서 지배적으로 볼 수 있는 주요 사건, 사람, 장소 혹은 신념이 있는가? 또는 연구분야의 속성을 가장 잘 보여주는 예는 있는가?
- 연구와 관련된 유머, 하찮은 것, 줄임, 두문자어, 스캔들, 숨겨진 사실 혹은 발설되지 않은 진실과 같은 "알려지지 않은 지식"의 예는 무엇인가?

2. 여러 도입활동을 만들어서, 선정한 연구분야의 위치, 조직 및 정의를 내리는데 도움을 제공한다. 다중메뉴 단원계획 모형(Multiple Menu Model Unit Plan Template)을 사용하여 생각을 적는다.

3. 교수책략 메뉴, 교수목적/활동메뉴, 교수 계열메뉴, 예술적 수정메뉴 및 교수산출물 메뉴를 사용하여 활동을 만들고 위에서 열거한 질문들에 대답한다.

4. 다음 질문에 대답해보고, 동료 혹은 내용전문가에게 본 레슨을 재조사할 것을 부탁함으로써, 활동의 타당성을 확인한다.
   - 활동이 연구분야의 위치를 파악하고, 조직하며 정의하는가?
   - 활동이 다양성, 균형 및 깊이를 제공하는가?
   - 레슨이 학생의 상상력을 자극하는가?

5. 지식 나무와 다른 평가기술을 사용해서, 학생의 피드백을 얻는다. 그리고 학생들이 이 연구분야에서 무엇을 배웠는지 평가한다.

6. 주제 및 활동과 관련 있는 학생의 일상생활, 현대 문학, 음악, 텔레비전 혹은 영화가 있는지 찾아본다.

7. 타당성 검토와 현장검증에 따라 활동을 수정한다.

섹션 2: 기본적인 원리와 기능적인 개념 파악

목적:

연구분야의 핵심이 되는 기본적인 원리와 기능적인 개념을 파악, 교수 및 보여주는 레슨을 개발하기.

자료:

- 대학 교과서
- 방법에 대한 책
- 내용전문가
- 실험 매뉴얼
- 교과에 관련된 저널
- 연구영역에 종사하는 사람

단계:

1. 대학 참고서와 여러 참고문헌을 조사하여 선택한 연구분야에 관련 있는 기본적인 원리와 기능적인 개념목록을 작성한다. 교수 매뉴얼은 대개 기본적인 원리와 기능적인 개념에 대한 정보를 제공한다. 이들 원리를 질문으로 바꿔서 학생들이 연구할 수 있는 발판으로 사용한다. 원리, 개념, 그리고 학생 조사모형(Principles, Concepts, and Student Inquiries Template)을 사용해서 학생들의 생각을 조직한다.

2. 연구자 및 내용전문가와 연락하여 작성한 기본적인 원리와 기능적인 개념의 진위를 확인한다. 웹에서 유용한 정보를 찾아본다. 어느 특정 연구분야에서 교육과정을 연구하는 기관은 여러분의 연구에 필요하고 유용한 정보를 제공할 수 있다.

3. 교수목적과 학생활동메뉴, 교수책략 메뉴, 교수계열 메뉴, 예술적 수정 메뉴와 교수산출물 메뉴를 사용해서, 단원에서 선택한 기본적인 원리와 기능적인 개념을 소개하는 학생활동과 레슨을 개발한다. 다중메뉴모델 단원계획 모형(Multiple Menu Model Unit Plan Template)을 사용하여 생각을 조직한다.

4. 레슨의 타당성을 조사한다.

   - 가르치려는 기본적인 원리와 기능적인 개념에 논리적인 계열성이 있는지 결정한다.
   - 내용전문가, 연구자 혹은 동료와 의논하여 가르치려는 기본적인 원리와 기능적인 개념의 계열성을 살펴보도록 요청한다.
   - 레슨의 균형, 다양성, 계열성 및 어휘사용을 검토한다.
   - 학생들과 함께 활동을 현장검증하여 흥미를 검토한다. 활동 혹은 레슨이 학생의 생활과 관련이 있는지 결정한다.
   - 그래프, 시각적 혹은 기술지원을 요하는 소프트웨어와 장비들이 실제성을 더해주고 있는지 레슨을 다시 조사한다.

섹션 3: 방법론 파악

목적:

선택한 연구분야를 수행할 연구절차를 파악하고 가르치고 적용할 레슨을 개발하기.

자료:

- 대학 교과서
- 방법에 대한 책
- 실험 매뉴얼
- 교과에 관련된 저널

단계:

1. 학생의 연령과 능력, 연구분야의 속성과 배워야 할 기술을 고려하면서, 전문가들이 사용하는 방법론적 기술과 과정(일반적 그리고 특수한)을 목록으로 작성한다.

2. 작성한 목록을 사용해서, 학생의 연령과 학년 수준에서 성공적으로 가르칠 수 있고, 연구분야에서도 중요한 방법론을 선택한다. 방법들을 논리적이고 계열성이 있도록 배치한다. 방법론 모형(Methodologies Template)을 사용하여 생각을 조직한다.

3. 연구방법론을 적용할 교수목적과 학생활동메뉴, 교수책략 메뉴, 교수계열 메뉴, 예술적 수정 메뉴와 교수산출물 메뉴를 사용해서, 학생활동과 레슨을 개발한다. 명심해야 할 것은 학생들이 방법론을 실제로 사용하는 활동을 포함해야 한다는 점이다. 예를 들어, 어떻게 사회학자가 인터뷰로 자료를 수집하는지 가르치려 한다면, 그들

의 방법을 이해할 수 있도록 인터뷰 기회를 주어야 한다. 연구분야 내 방법론들에 대한 책들을 통해서 연구자들이 사용하는 기술을 이해할 수 있다. 만약 방법론에 대한 책을 찾기 어렵다면, 전문가에게 전화한다! 다중메뉴모델 단원계획 모형 (Multiple Menu Model Unit Plan Template)를 사용하여 생각을 조직한다.

4. 레슨의 타당성을 조사한다.

- 내용 전문가, 연구자 혹은 동료들에게 문의를 하여 레슨에 병합하여 적용할 방법론의 타당성을 조사한다.
- 내용전문가에게 문의하여 가르치려고 하는 방법론의 계열성을 검토하여 레슨을 재조사한다.
- 적용하는 방법론적 원리의 균형, 다양성, 계열성 및 깊이에 대해 레슨을 검토하고, 연구분야에서 사용하는 어휘를 검토한다.
- 학생들과 함께 활동을 현장검증하여 흥미를 검토한다. 학생들로 하여금 지루함에서 흥미롭다 까지 5점 척도로 평가하게 한다. 활동이나 레슨을 재미있고 흥미롭게 만드는 것에 대한 학생의 의견을 수렴한다.
- 그래프, 시각적 혹은 기술지원을 요하는 소프트웨어와 장비들이 실제성을 더해 주고 있는지 레슨을 다시 조사한다.

섹션 4: 대표적인 주제 선택

목적:

선택한 연구분야에서 기본적인 원리, 기능적인 개념 및 방법론을 적용하는 대표적인 주제를 선택하고 가르치기.

자료:

- 대학 교과서
- 지식메뉴
- 교사용 지침서
- 블룸의 분류학
- 저널 인덱스와 아티클
- 연구 아티클

단계:

1. 선택한 연구분야의 내용을 가장 잘 보여주는 주제(사실, 경향, 법칙 및 계열) 목록을 작성한다. 대표적인 주제모형을 사용하여 생각을 조직한다.

2. 다음의 기준을 사용해서, 레슨에 포함할 주제를 선택한다.

   - 기본적인 원리, 기능적인 개념 혹은 이 전 단원에서 배운 방법론적인 절차를 언급하고, 적용하고, 보여주는 주제인가?
   - 선택한 주제가 학생의 흥미와 동기를 자극하는가?

3. 교수목적과 학생활동메뉴, 교수책략 메뉴, 교수계열 메뉴, 예술적 수정 메뉴와 교수산출물 메뉴를 사용해서, 연구분야의 특수성을 나타내는 활동과 레슨을 개발한다. 다중메뉴모델 단원계획 모형(Multiple Menu Model Unit Plan Template)를 사용하여 생각을 조

직한다.

4. 레슨의 타당성을 조사한다.

- 기본적인 원리와 기능적인 개념, 방법론을 적용하는 대표적인 주제를 통해서 내용과 그 분야 지식을 가르치는가?
- 적용하는 방법론적 원리의 균형, 다양성, 계열성 및 깊이에 대해 레슨을 검토하고, 연구분야에서 사용하는 어휘를 살펴본다.
- 대표적인 주제를 선택했는지 확인하기 위해 내용전문가와 저널 인덱스로 활동을 현장검증한다.
- 학생들과 함께 활동이 흥미로운지 현장검증한다. 레슨을 더 흥미롭게 만들기 위한 제안점을 수집한다.
- 그래프, 시각적 혹은 기술지원을 요하는 소프트웨어와 장비들이 실제성을 더해 주고 있는지 레슨을 다시 조사한다.

부록 B

계획 지침 모형

지식나무 모형(Knowledge Tree Template)

목적: 연구분야의 도식적 표상(지식나무)을 고안하여 학생들로 하여금 앞으로 공부할 분야의 위치와 조직을 이해하게 한다. 도식을 만들 때 학생들을 항상 생각하라.

설명: 다음의 범주로 시작할 수 있다: 논리, 수학, 과학, 역사와 인문과학, 철학. 다른 범주를 첨가하여 선택한 분야를 시각적으로 눈에 띄게 조직한다.

논리　　수학　　과학　　역사와 인문과학　　철학

정보수집 모형(Gathering Information Template)

목적: 어떤 분야가 폭넓은 지식, 일반적인 영역의 속성, 여러 지식의 하위분야, 그리고 일정 하위분야의 특징 내 어디에 위치하고 있는지에 대한 정보를 제공한다. 아래 내용은 레슨 도입을 계획하고 정보를 수집하려고 할 때 사용할 수 있다.

목적	하위분야	질문	자료원
조직	전문 저널	이용할 수 있는 데이터베이스	사건의 연대기
주요 사건	유명인	장소들	주요 신념과 관심
가장 좋은 예	사사로운 것, 유머 등	스캔들과 알려지지 않은 신념	축약과 두문자어

기본적 원리, 개념 및 학생연구 모형

(Basic Principles, Concepts, and Student Inquiries Template)

(큰 상 찾기)

목적: 주제에 대해 학생들에게 전달해 주어야 할 가장 중요한 아이디어를 선택하고 파악하기. 원리는, 즉 연구분야의 큰 상으로 대개 개념들 간의 관계를 언급하며, 많은 정보를 정확하게 요약한다. 기능적인 개념은 어떤 특정분야에서 사용되는 어휘로 정의, 명명되는 조직적 의미이다. 기본적인 원리, 개념을 파악한 후에, 학생들이 탐색할 연구에 접목한다.

연구분야: ______________________

학생들이 탐색할 기본적인 원리는 무엇인가?	무슨 개념을 발달시켜야 하는가?	어떤 연구/질문을 발전시켜야 하는가?

방법론적 모형(Methodologies Template)

목적: 지식을 창출하기 위해 실제 전문가들이 사용하는 방법을 획득하기.

연구분야: ______________________

전문직업: ______________________

방법론들:

대표적인 주제 모형(Representative Topics Template)

목적: 기본적인 원리와 기능적인 개념을 가장 잘 보여주는 주제를 선택하기.

연구분야: ____________________

기본적인 원리와 기능적인 개념	대표적인 주제

예술적 수정 모형(Artistic Modification Template)

주제: ______________________

	관련 활동	여행	개인적 친분	그룹우호관계	중요기사	개인적으로 중요한 사건
직접 경험						

	허구	비허구	필름, 청각, 시각적 경험	상상 혹은 시뮬레이션
간접(대리) 경험				

	문어적	시각적	구어적/무대공연	구조물적	리더십 지향적	필름, 비디오, 컴퓨터 프로그램
창의적 수정 (결과물)						

다중메뉴 모델 단원계획 모형(Multiple Menu Unit Plan Template)

단원명: ______________________ 지식 메뉴 섹션: ______________ 학년 수준: ________

교수목적과 활동

______ 동화와 기억

______ 정보 분석

______ 정보합성과 적용

______ 평가

교수책략

______ 강의
______ 단순 반복
______ 또래 교수
______ 토론
______ 프로그램화된 교수
______ 역할 놀이
______ 시뮬레이션
______ 모방한 보고서나 프로젝트
______ 문제기초
______ 지침이나 지침 없는 독립연구
______ 기타

교수 산출물

구체적인 산출물
______ 예술적
______ 무대공연
______ 구어적
______ 시각적
______ 모델/구조물
______ 리더십
______ 문어적

추상적인 산출물
______ 인지발달
______ 정서적

예술적 수정

레슨을 소개하는 게시판

학생 연구문제

평가

______ 산출물 평가
______ 인터뷰/관찰
______ 저널
______ 학습일지
______ 무대공연 평가
______ 구어적 평가
______ 다중 선택
______ 에세이
______ 기타

참고 자료/지역사회자원

부록 C

단원개관 및 지식 나무

흔들, 덜컹, 그리고 데굴: 지진학에 대한 단원

Kari Freidig

본 단원의 목적은 실제 지리학자의 연구와 관련된 원리, 개념 및 방법론을 공부하는 과정에 학생을 참여시키는 데 있으며, 캘리포니아 주에서 6학년 학생용으로 설정해 놓은 과학적 지식의 지침 및 내용 기준과 직접적으로 관련이 있다.

본 단원은 과학적 사실을 담고 있는 네 가지 원리에 기초하며 지리학과 지진학과 관련된다. 또한 본 단원에서 다루는 원리는 캘리포니아 주 기준 1과 7을 나타낸다. 원리는 다음과 같다:

1. 지구는 불변상태에 있다.
2. 판구조론(Plate tectonics)은 주요 지리학적 사건으로서 지구의 표면적 특징에 영향을 주었다.
3. 지구표면의 많은 현상들은 에너지 전이의 영향을 받는다.
4. 의미 있는 질문과 주의 깊은 연구를 실시함으로써 과학적으로 진보하게 된다.

이들 원리의 기저가 되는 기본적인 개념을 통해서 학생들은 과학을 탐색하면서 이해하게 된다.

원리	개념	학생조사	방법론적 기술
• 지구는 항상성의 상태에 있다. • 판구조론은 주요 지리학적 사건으로서 지구의 표면적 특징에 영향을 주었다. • 지구표면의 많은 현상들은 에너지 전이의 영향을 받는다. • 의미 있는 질문과 주의 깊은 연구를 실시함으로써 과학적으로 진보하게 된다.	• 지진 • 지질단층 • 진원지 • 에너지 전이 • 운동 • 지진파 • 파괴 • 변화 • 예상 • 힘 • 원인과 결과 • 재생산 • 대륙이동 • 판구조론	• 지진의 원인은 무엇인가? • 어떻게 지리학자는 지진의 진원지를 알 수 있는가? • 지진 동안에 다른 건물은 붕괴된 반면에 일부 건물은 건재한가? • 무엇으로 인해 건물이 지진에 저항할 수 있는가? • 어떻게 지진이 손해를 유발하는가? • 어떻게 판의 이동이 지구 표면에 영향을 주었는가? • 무슨 이유로 지구의 판이 움직이는가? • 어떻게 지진파가 땅을 통과하여 전달되는가? • 어떻게 지리학자가 지진을 측정하는가? • 가장 지진이 잘 발생하는 지역은 어디인가? • 어떻게 지리학자가 지질단층을 조사하는가? • 어떻게 지리학자가 지구를 연구하는가?	방법 • 모델 만들기 • 지질단층을 따라 모델 이동 • 지질단층이 땅 표면을 어떻게 변화시키는지 유추 • 다른 유형의 지질단층으로 생긴 표면 특징 변형을 분류 • 측정, 기록하고 지진파를 해석하기 • 지진의 진원지 찾기 • 지진의 확률을 예상하기 • 지질단층의 움직임을 결정하는 측정도구 (Creep meter) 사용하기 • 지진에 저항하는 모델 구조를 고안하고 실험하기 • 원인과 결과를 모델의 구조와 지진 피해를 평가할 때 관련짓기

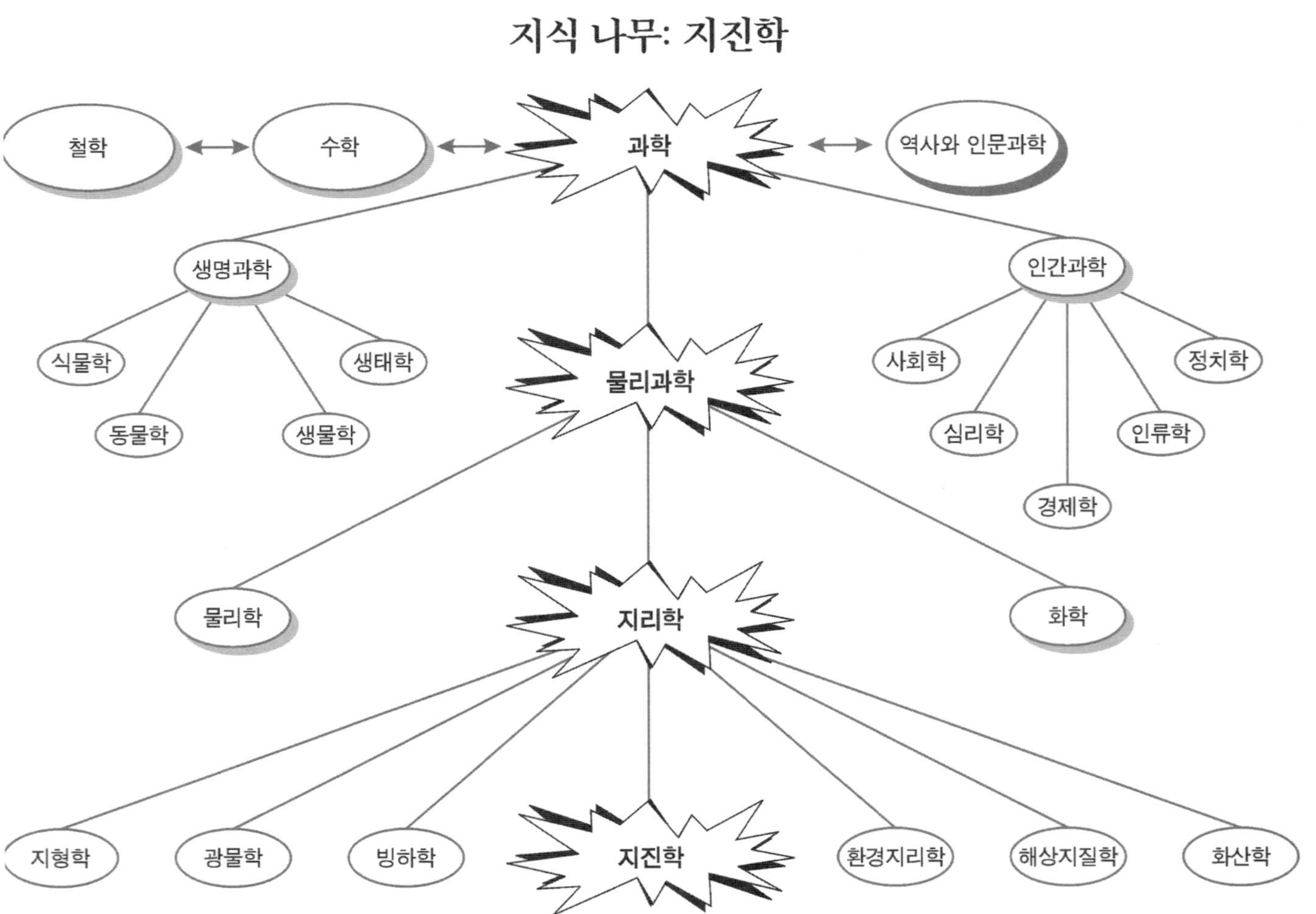
지식 나무: 지진학
철학
수학
과학
역사와 인문과학
생명과학
식물학
동물학
생물학
생태학
인간과학
사회학
심리학
경제학
인류학
정치학
물리과학
물리학
화학
지리학
지형학
광물학
빙하학
지진학
환경지리학
해상지질학
화산학

지리학에 대해: 지도 그 이상의 것

Casey Handfield and Jill Horak

지리학에 대해: 지도 그 이상의 것은 어느 학년 수준에서든지 교사가 사용할 수 있는 기본적인 연구단위이다. 학생들은 여러 교수책략을 통해서 본 단원의 자료를 접하게 된다. 그러나 주요 강조점은 학생들이 5개의 지리학 주제에 대한 원리와 개념을 파악하는데 있다. 교사는 학습활동을 촉진하여 학생들이 개인 활동목적을 탐색할 수 있도록 한다. 본 단원 레슨의 목적은 학생들이 지리학의 5개 주제에 익숙해지고 전문가가 되어 보는 것이다.

학생들이 접하게 되는 특별한 원리와 개념은 다음과 같다:

1. 위치
2. 장소
3. 지역
4. 인간-환경 상호작용
5. 이동

위치를 이해하는 것은 학생들에게 시간과 공간 위치감각을 갖게 해주며 세계관을 개발하는데 필수적이다. 학생들은 상대적 그리고 절대적인 위치를 기술해 봄으로써 위치개념을 학습한다.

장소는 문명의 성패에 중요한 역할을 한다. 학생들은 지구가 서로 구별되는 물리적이고 문화적인 특징을 갖는다는 개념을 통해서 장소의 원리를 학습한다. 한 영역에서의 변화는 타 지역 변화의 영향을 받으며 또한 영향을 미치기도 한다(예: 한 장소의 물리적인 특성의 변화는 경제, 정치 및 문화적 변화를 야기한다). 학생들은 지역이란 다른 영역과 구분되는 영역이라는 개념을 통해서 변화의 원리를 학습할 것이다.

살아 있는 생명체는 환경에서 생존하기 위해 자신의 능력을 증진시키는 방향으로 환경에 적응하거나 다른 환경으로 이동한다. 이와 같은 원리는 인간의 환경 상호작용의 개념을 통해 탐색할 것이다. 학생들은 인류정착에 지역마다 장단점이 있음을 평가할 것이다.

마지막으로, 사람들이 지구표면에 똑같이 분포하고 있지 않다는 것을 배울 것이다. 사람들은 상호작용하기 위해, 무역과 의사소통을 위해, 한 장소에서 다른 장소로 이동한다.

학생들에게 지리학에 대한 확실한 기초를 제공함으로써, 오늘날 지구촌에서 경쟁하고 협조하면서 살아가는데 필요한 지식을 얻을 수 있다. 학생들이 지리학의 5개 원리를 밝혀감에 따라, 지리학 도구상자를 만들어서 여기서 배운 단원을 개인적으로 흥미를 갖게 될 지리학 연구로 확장할 수 있다.

원리	개념	학생조사
시간과 공간에서 자신의 위치감각은 세계관 개발에 필수적이다.	**위치**(location) 위치를 기술하는 데는 두 가지 방법이 있다: 절대적/상대적	너는 어디서 사는가? 다른 사람은 너와 상대적으로 어디에 사는가? 어떻게 위치를 기술할 것인가? 어떻게 위치가 문명의 성공에 영향을 미치는가? 좋은 위치에 산다는 뜻은 무엇인가?
장소는 문명의 성패에 중요한 역할을 한다.	**장소**(Place) 지구의 모든 장소는 서로 구분되는 물리적 및 문화적 특징이 있다.	너의 마을의 지리는 무엇인가? 근처 마을의 지리는 무엇인가? 세계적으로 지리는 어떻게 다른가? 문화는 장소의 결과인가 아니면 장소가 문화의 결과인가?
한 영역에서의 변화는 타 지역의 변화에 영향을 받고 또 준다.	**지역**(Region) 지역은 다른 영역과 구분되는 특징을 갖는 영역을 말한다.	너의 지역적 지리는 무엇인가? 너는 어느 지역에서 사는가? 다른 지역은 너의 지역과 어떻게 유사하며 또 다른가? 지역은 혁신과 변화에 영향을 주는가? 무슨 지리학적 특징이 지역발달을 방해하는가?
살아 있는 생명체는 생존하기 위해 자신의 능력을 증진시키는 방향으로 환경에 적응하거나 다른 환경으로 이동한다.	**인간–환경 상호작용** (Human–Environment Interaction) 모든 장소는 인류정착을 위한 그 나름의 장단점을 가진다.	너의 마을의 존속에 도움이 되거나 문제가 되는 지리학적 특징은 무엇인가? 인간생존에 중요한 지리학적 특징이 있는가?
이주는 기회를 증진시키거나 더 큰 개체의 자유를 가져온다.	**이동**(Movement) 지구표면상에 사람들은 똑같이 분포하지 않는다. 한 곳에서 다른 장소로, 상호작용하기 위해, 무역거래와 의사소통을 위해 이동한다.	너의 마을의 최고/최소 인구밀집지역은 어디인가? 왜? 너의 지역의 최고/최소 인구밀집지역은 어디인가? 왜? 무엇 때문에 사람들은 고향을 떠나는가?
문화적 지리학자는 인간, 생물학 및 지구 표면의 물리적 특성을 결합해서 지구표면을 이해하고자 한다.	**방법론**(Methodology) 관찰, 측정, 기술, 인터뷰, 연대기학	어떻게 사람들을 구분할 수 있는가? 지구의 여러 지역은 무엇이 똑같은가? 왜? 지구상에는 무슨 물리적 특징이 있는가? 어떻게 인간, 생물학적, 그리고 물리적 특징이 상호작용을 하는가?

지식 나무–지리학 해보기

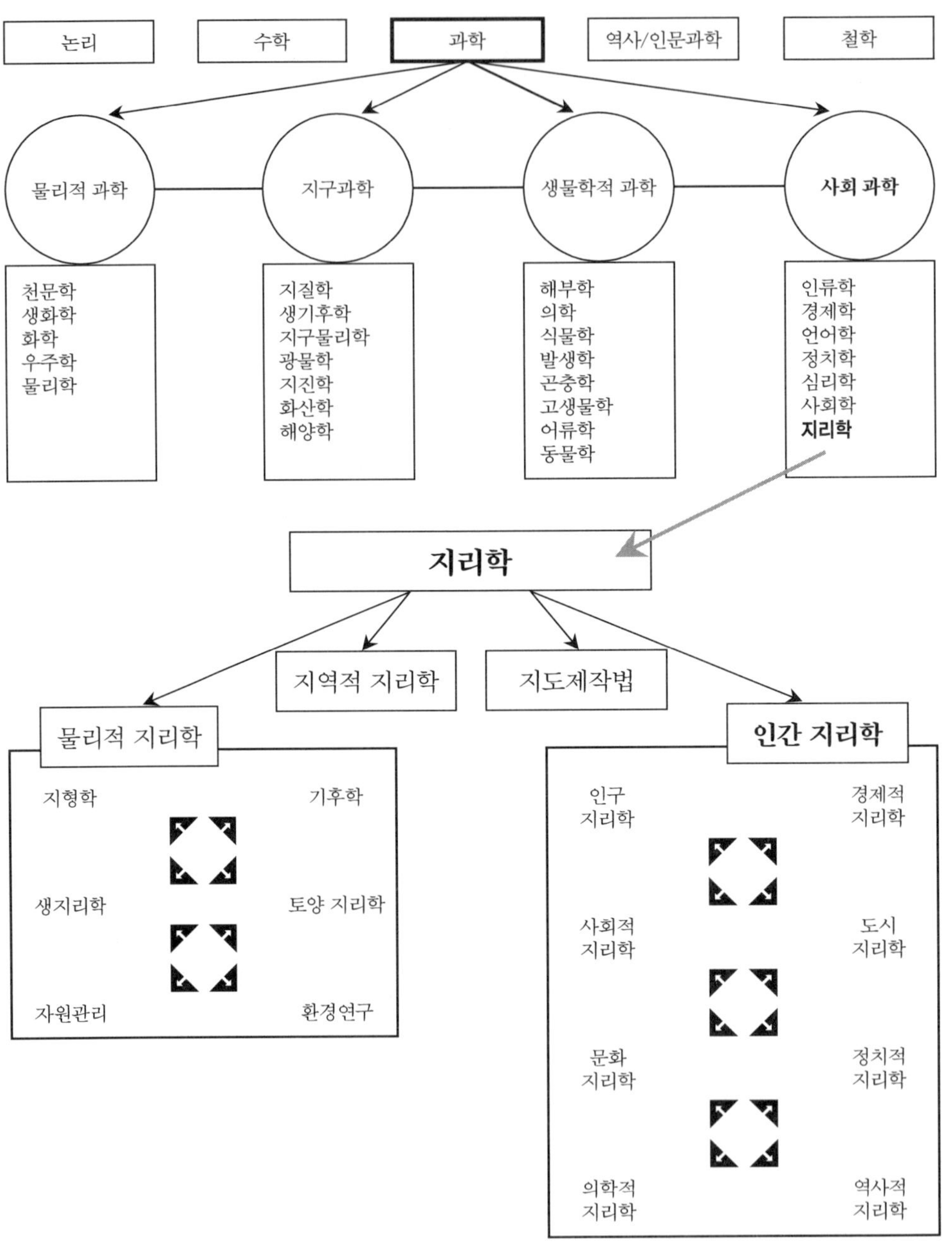
논리
수학
과학
역사/인문과학
철학
물리적 과학
지구과학
생물학적 과학
사회 과학
천문학
생화학
화학
우주학
물리학
지질학
생기후학
지구물리학
광물학
지진학
화산학
해양학
해부학
의학
식물학
발생학
곤충학
고생물학
어류학
동물학
인류학
경제학
언어학
정치학
심리학
사회학
지리학
지리학
지역적 지리학
지도제작법
물리적 지리학
지형학
기후학
생지리학
토양 지리학
자원관리
환경연구
인간 지리학
인구
지리학
경제적
지리학
사회적
지리학
도시
지리학
문화
지리학
정치적
지리학
의학적
지리학
역사적
지리학

수 감각: 패턴 지각, 의미 만들기

4학년 수학심화를 위한 교육과정

Olivia Dorfman

"수 감각"은 수학자의 특별한 지각의 한 양식이다. 마치 청각 혹은 시각이 뇌에서 소리와 빛의 파장을 처리하는 것처럼, 수 감각도 수학자들로 하여금 우리 주변의 세상에서 벌어지는 복잡한 현상을 단순화할 수 있게 한다. 또한 "수 감각"은 수와 기하학적 관계를 분명하게, 단순하게, 그러면서도 핵심을 이해하도록 한다. "수 감각"은 수 지식을 직접 구조화하여 개념을 이해하는 연산방식을 넘어서는 수학의 핵심적인 부분이다. 마지막으로 "수 감각"은 교육과정 단원의 주제로서 "수 감각" 단원을 통해 학자들은 수학자의 역할을 경험해보고 더 깊은 수학학습을 경험하게 된다.

교육과정은 다음의 네 가지 원리에 기초한다.

1. **수학은 질서를 기술한다.**

   수학은 환경 속에서 질서와 구조를 파악하도록 돕는다. 수학은 우주와 우주 안에 있는 모든 것을 발견하는 방법이다.

2. **수학은 문화적으로 형성된다.**

   수학은 시간과 경험에서 그 위치가 결정되는 공동의 지적 창조물이다(예: 다른 문화는 다른 수학을 만든다).

3. **수학은 변화한다.**

   수학은 역동적이고 계속 연구에 따라 진화한다.

4. **수학은 오류가 있을 수 있다.**

   수학은 불완전하며 역설적이다. 그래서 불적절하고 부정확하게 적용될 수 있다.

원리	개념	학생연구
수학은 질서를 기술한다.	추상성, 상징, 연산, 사용(경제학, 과학, 건축학 등), 분류, 유추, 단순화, 리듬, 미, 패턴	수학이란? 왜 수학이 만들어졌는가? 오늘날 왜 수학을 배워야 하는가? 어떻게 수학을 사용할 것인가?
수학은 문화적으로 형성된다.	민족수학, 기술, 상징, 고대 수학(이집트, 수메리안)	누가 수학을 만들었나? 어디서 수학이 파생되었나? 세상의 각 부분마다 수학이 어떻게 다른가? 수학의 다른 형태는 어떻게 작용하는가?
수학은 변화한다.	위대한 수학자와 그들의 발견, 계산 및 계산기들	우리가 사용하는 수학은 시간에 따라 변화되었는가? 수학자들은 실수를 하는가? 어떻게 수학이 바뀌는가?
수학은 오류가 있을 수 있다.	역설, 풀리지 않은 문제, 통계적 조작, 부적절한 적용 (예: 사회과학), 오류가능성, 불완전한 구조, 암시적 편파, 인간속성을 반영하는 산출물	수학적 대답은 항상 정확한가? 어떻게 수학이 믿고 행하는데 영향을 미치는가? 무언가를 수로 표현했다면 사람들은 이것을 왜 더 정확하다고 생각하는가? 어떻게 자료가 조작되는가?

지식의 정원

은유적으로 수학이 차지하는 위치를 찾기

여러 교과분야 간의 상호작용을 위계적인 나무로 나타낼 수 있지만, 누적된 지식이 상호작용하는 방식은 시각적인 은유를 사용해서 더 잘 나타낼 수 있다. 시각적 예술을 사용해서, 수학의 미를 상징화하고(그리고 모든 지식), 수학과 대부분의 다른 지식간의 기능적인 연관성을 나타내었다.

분명히, 교과는 동떨어진 섬이 아니라, 시간에 따라, 영역들 간에 아이디어가 수분작용을 하여 새로운 이론, 보기, 방법론 및 기술이 창출되고 있다. 컴퓨터로 인해, 여러 문화의 역사, 철학 및 아이디어가 전 세계로 빠르게 전달되면서, 현재의 인류는 계속적으로 한 가지 영역을 넘어서 연구할 수 있는 능력을 발달시키게 되었다. 마치 정원사가 여행을 하면서, 전 세상의 식물을 수집하고 퍼뜨리고, 멸종 위기에 있는 것을 보존하는 것처럼, 오늘날 지식의 정원사는 방대하고 아름다운 교과를 치장하게 되었다. 이들 정원사들은—은유적으로 교육기관, 도서 연구 및 정보기술—계속적으로 지식의 구조를 재배열하고, 새로운 패턴의 이해를 창출해 내고, 개념을 없애거나 다른 것으로 증식한다. 따라서 생태학적 구조로 지식을 제시할 수 있지만 지식은 인간 창조를 넘어서 본질적인 진리를 담고 있다.

지식 정원에서 수학의 역할

수학영역은 옛날 벌통처럼 제시할 수 있는데, 이것은 바로 부산스러운 활동과 위험신호를 말한다. 벌통 안에는 수학 벌들이 들끓고 있지만 대개는 숨어 있어 잘랐을 때 그 모습을 드러낸다. 처음엔 이 벌통이 신비하게 심지어는 무질서하게 보이지만, 수학적인 지식을 더 획득하게 되면서, 벌 사회의 질서정연한 구조가 드러나게 된다.

정원을 돌아다니는 몇 마리 벌들은 초등학교에서 배운 익숙한 수학 -산수, 기하 혹은 단순한 대수를 나타낸다. 수학과 여러 다른 과목간의 관계는, 과학 혹은 인문과학과 같은, 수분을 시켜주는 벌의 역할로 나타낼 수 있다. 따라서 음악 혹은 미술에서의 패턴, 연구를 분석하는데 사용하는 방법들 혹은 컴퓨터 언어 기저에 깔린 논리적 구조는 모두 직접적으로 수학의 영향을 받는다. 반대로 수학은 꽃들의 에센스를 취하며 에센스를 가지고 벌집으로 돌아와서 그 분야를 새롭게 발전시킬 수 있도록 연료를 주입한다.

마지막으로, 벌이 쏠 수 있다는 점은 수학이 항상 온화한 것이 아니라 인류노력에 해가 될 수 있다는 것을 의미한다. 그러나 만약 사람들이 수학에 주의를 한다면, 그것은 즐겁고 유용하다. 들어보자, 그러면 벌이 날아다니는 소리—수학—를 들을 수 있다.

The Garden of Knowledge
Preservation of Knowledge
Computers
Engineering
Technology
Agriculture
Medicine
Life Sciences
Social Sciences
Earth Sciences
Physical Science
The Sciences
Logic
formal arithmetic
metalogic
Mathematics
~Branches~
Set theory
Axiomatic Theory
Analysis
Topology
Combinatorics
differential equations
~Applications~
Calculus
Statistics
Automata
Physical Systems
Linear
Geometry
Algebra
Probability
History and Foundations
History
Literature
Dance
Theatre
Photography
Fine art ~ Sculpture
Drawing
Music
The Humanities
Philosophy
Aesthetics
Western
Non-Western

영웅을 찾아서

5~6학년 용 문제에 기초한 교육과정 단원

Deb Young

원리와 의도:

개인 및 개인의 실체를 연구함으로써 인간 행동을 이해할 수 있다. 사회과학에서 이상의 기본 원리는 부분적으로는 정서적으로 정체감의 혼미 발달단계에 들어선 사춘기 전 학생들과 관련이 있다. 에릭 에릭슨(Erik Erickson)은 이러한 상태를 "정체감의 혼미"라고 명명했다. 이 학생들은 여러 사회적인 역할을 탐색하고 자아개념을 재평가함으로써, 반복적으로 "나는 누구인가?"라는 질문을 통해 자신을 정의하려고 한다.

생물학, 사회학 및 인류학(생활과 사회과학을 통해)에서 파생된 사회학 분야의 전문가들은 개인의 생각과 행동을 연구할 때 다음의 다섯 가지 질문을 생각한다.

1. 어떻게 인간은 행동하는가?
2. 어떻게 인간은 아는가?
3. 어떻게 인간은 상호작용하는가?
4. 어떻게 인간은 발달하는가?
5. 어떻게 인간은 서로 다른가?

학생들은 개인과 개인의 실체에 대한 연구가 어떻게 인간 행동을 이해하는데 도움이 되는지 알게 되면서(심리학의 렌즈를 통해서), 본 단원 외 다른 영역의 학습을 촉진하는 방법에서 사용할 수 있는 심리적 구인을 명확히 할 수 있다. 본 단원이 포괄하는 심리적 구인에는 용기, 겁, 이타심, 또래 압력, 탄력성, 반감, 윤리, 자연 대 양육, 싸움과 도주

(fight or flight) 및 성격발달(문학 혹은 실제생활에서 접하는 것 외에 자신의 것) 등이 포함된다. 예를 들어, 반감과 탄력성 개념을 이해하게 되면, Bootstraps(자기 스스로 나는) 이론 같은 개념을 여러 이론을 이해하는 데 연관지을 수 있다.

의도적으로 창의적 문제해결 단계를 통해 비판적 사고를 요구하는 학습모델에 바탕을 두고 본 단원을 개발하였다. 이 단원에서 학생들은 심리학 분야의 중요 개념을 이해함은 물론 영웅적 행동에 대해 스스로 정의를 내릴 수 있다. 개인 실체에 대한 이해를 촉진하기 위해, 본 단원은 문학적, 역사적 및 당시 영웅을 찾아보고 인물성격, 행동을 파악하고 분석한다. 부가적으로, 학생들은 자신의 특징, 행동, 그리고 행위를 조사하여 영웅이 될 잠재성을 생각해 본다.

앞에서 말한 바와 같이, 학생들은 심리학자들이 사용하는 방법을 이용할 것이다. 왜 사람들이 이처럼 행동하는지 가설을 세우고 실험하는 것은 물론 한 개인의 행동을 관찰하고 분석할 것이다. 게다가, 본 단원은 코네티컷 주 언어예술 조직에서 볼 수 있는 내용과 기술을 통합한다.

결론적으로, 영웅에 대한 본 단원을 통해, 인간행동의 차이점에 대해서 인지적으로 이해하고 정서적으로 평가할 수 있다. 본 단원을 완성하면서, 바라기는, 학생들이 더 분명히 인간의 가치, 자신과 타인을 이해하는 것과 관련해서 문학, 자서전 및 당시 문장의 적절성을 분명히 이해하고, 어떻게 개인 속성, 행동 및 행위가 인간 행동에 대한 지식을 얻는데 기여하는지 볼 수 있길 바란다.

교육과정 개관

본 문제에 기초한 단원은 오스본(Osborne, 1963)의 창의적인 문제해결과정을 모델로 하였다. 6개의 단계를 밟아가면서, 학생들은 1단계

"혼란"에서부터 6단계 문제해결수용까지 도달하게 된다.

단계 1: 혼란 찾기(Mess finding)–"영웅을 찾아라!"

본 단원의 목적을 "공식"적인 문구를 통해서 소개한다–영웅에 대한 필요성을 보여주는 매체의 보도 내용. 본 단계는 두 가지 국면을 가지고 있다: 혼란 찾기 확산적 국면에서, 학생들은 창의적인 사고 방법인 브레인스토밍을 사용해서 잠재적인 영웅목록을 만든다. 수렴적 사고는 두 번째 국면에서 필요한데, 이 때 학생들은 영웅을 구조화할 때 불필요한 것을 찾아낸다. 또한 학생들은 "혼란"으로 인해 정보가 더 필요하다는 것을 깨닫게 된다.

단계 2: 자료 찾기(Data finding)–"영웅이란"

학생들은 문학, 역사 및 당시 영웅들의 속성, 행동 및 행위를 분석하면서 영웅이 무엇인지 이해의 깊이를 더한다. 문제해결과정의 이 두 번째 단계에서, 교사들은 싸움과 도주, 이타심, 탄력성 및 정체성 같은 심리적 구인에 대한 용어를 주입한다. 특정 교과에서 사용하는 용어를 사용함으로써 학생들로 하여금 개념을 내면화하는 심리학 분야를 경험할 수 있도록 돕는다.

단계 3: 문제 찾기(Problem finding)–"모든 영웅은 어디로 갔는가? 당시 영웅을 찾아서"

문제해결 과정단계에서, 학생들은 개인적으로 가설을 설정하고 가설을 기각할지 채택할지 결정하기 위해 "문헌조사"를 실시함으로써 당시 사회의 영웅 부재 및 존재를 조사한다. 이 단계 말에, 본 단원의 처음 3단계 동안 수집한 모든 지식을 동원해서, 학생들은 영웅에 대해 그들 나름의 인지적, 정서적 이해를 분명히 설정하게 된다.

단계 4: 아이디어 찾기(Idea finding)—"나의 영웅은 …"

여기서, 학생들은 누구를 영웅으로 지명할지 결정하기 위해 자기가 이해한 바를 적용한다. 아이디어 찾기 단계에서는 이중 목적을 가진 산출물(문어적 분석)을 만들어 내기 위해서 평가적인 사고가 필요하다: 1) 교사는 이들 산출물을 사용해서 학생들의 이해를 평가한다. 2) 이 산출물은 다음 단계를 계속하기 위해 필요하다. 학생 자신의 영웅을 지명함으로써, "영웅"이라는 구조를 개념적으로 이해하고 있음을 보여줄 수 있다.

단계 5: 해결책 찾기(Solution finding)—"영웅 중에 영웅"

지명접근법의 최종선으로, 학생들은 협동 그룹을 만들어, 그들 스스로 선택 위원회처럼 활동해 볼 수 있다. 교실 내에서 누구를 "영웅 중에 영웅"으로 결정할 것인가? 결정을 내릴 때, 학생들은 각 학생의 지명에 적용할 평가기준을 만들고 공감을 형성해야 한다. 이 단계에서, 해결책에-한 영웅은 국가 기념비적 수준에서 지명될 것이다-도달한다.

단계 6: 수용 찾기(Accepting finding)—"우리 중에 영웅은"

문제해결 과정의 마지막 단계에서, 학생들은 스스로 이해한 영웅의 속성을 적용해서 영웅의 잠재성을 조사한다. 본 레슨은 창의적 문제해결의 모든 단계를 포괄하며, 작문기술을 연습하고, 가장 중요하게, 본 단원이 근거로 했던 본질적인 질문으로 되돌아가 생각하게 한다: 어떻게 개인과 개인차의 연구를 통해서 인간 행동을 이해할 수 있는가? 이와 같은 사고를 통해서, 학생들은 의식적으로 자신의 성격을 생각해 보고 다른 사람과의 관계에서 자신의 성격이 미치는 영향을 이해하게 된다.

Osborne, A. F. (1963). *Applied Imagination* (3rd ed.). New York: Scribners.

지식 나무-영웅을 찾아서

지식

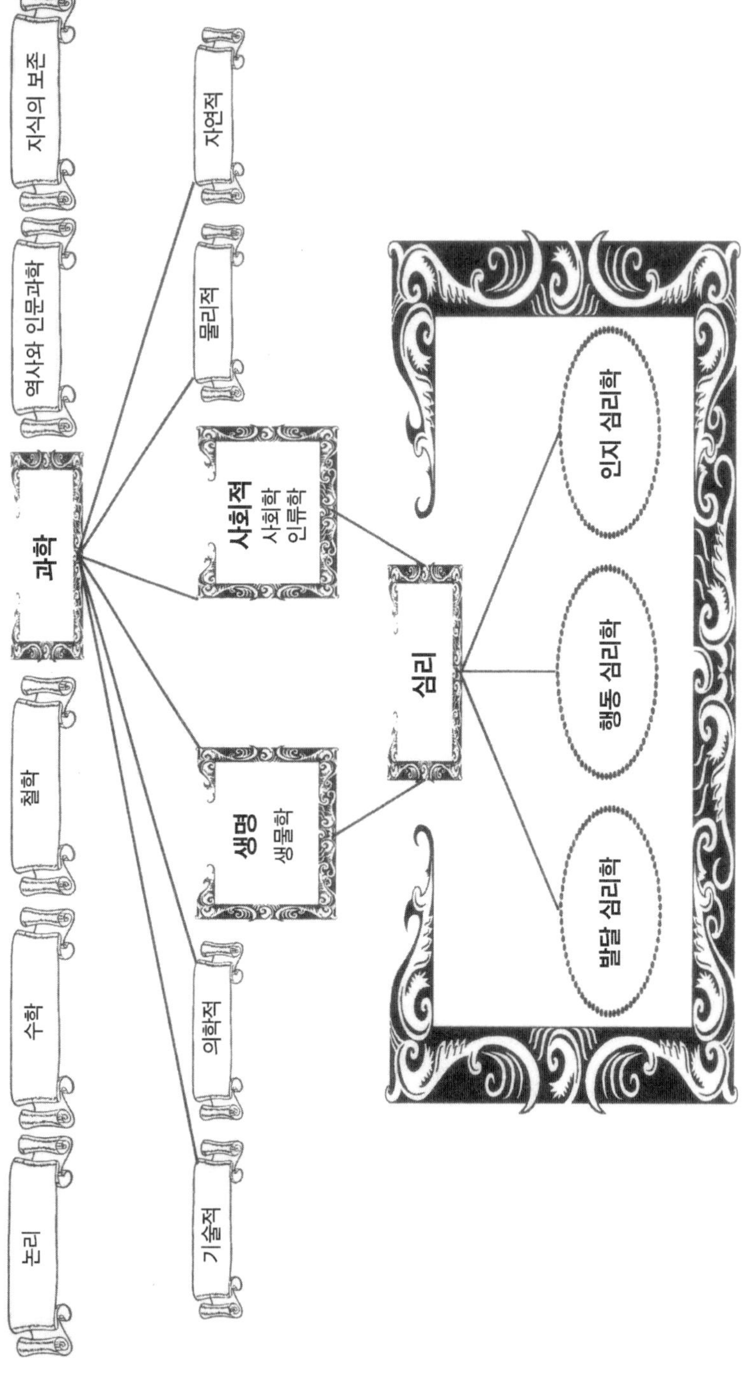

부록 D

방법들에 관한 참조자료

항공학과 천문학

Let's build airplanes & rockets! by Drs. Ben P. Millspaugh and Beverly Taylor

학생들은 기구, 글라이더 및 Chunk Yeager's X-1 비행기를 만들 수 있다. 각 프로젝트는 단계적 지시문, 자료목록, 안전지침, 간략한 유명 비행사들에 대한 전기를 소개하고 부가적으로 여러 교육과정을 연습할 수 있는 목록을 수록하고 있다. McGraw-Hill 발행(1996).

Telescope power by Gregory L. Matloff

실험과 활동을 통해서, 야심만만한 학생 천문학자들은 망원경의 힘을 조사하고 여러 유형의 망원경과 하드웨어에 대해서 공부한다. 독자들은 우주여행과 파란색 달의 섬광을 관측하고, 화성의 계절변화를 관찰하기 위해 색 필터를 사용하며, 안드로메다에 있는 나선형 은하계를 방문하고 그 외 여러 가지 활동을 한다. John Wiley & Sons 발행(1993).

해부학

Blood and guts by Linda Allison

삽화, 다이어그램, 실험을 통해서, 학생들은 어떻게 관절의 연결부위가 작동하며 산이 이에 어떻게 영향을 주는지 그리고 각 신체부분이 생리학과 해부학에서 어떤 중요한 역할을 하는지 배울 수 있다. Little Brown 발행(1990).

고고학

Hands-on archaeology: Exploring the mysteries of history through science by John R. White

이 책을 통해서, 교사는 교실과 지역 견학 시 고고학 발굴지 시뮬레이션을 만들 수 있다. 학생들은 실제 고고학자들이 사용하는 방법을 그대로 배울 수 있다: 격자를 짜고, 고안하고, 발굴지를 조직하는 방법, 발굴품을 분류하고, 다루고, 보존하는 방법 등. Prufrock Press 발행(1998).

건축학과 디자인

The art of construction: Projects and principles for beginning engineers & architects by Mario Salvadori

동굴에서 마천루까지 역사적인 예를 사용해서, 학생들은 공학과 건물의 원리를 깨우치게 된다. 집에 있는 물건을 사용해서 모든 형태의 구조와 디자인을 직접 이해할 수 있다. Chicago Review Press 발행(1990).

KidTech: Hands-on problem solving with design technology by Lucy Miller

60가지 활동은 디자인 기술과 실제 현실문제를 교육과정에 통합하였다. 학생들은 창의성과 비판적 사고기술을 사용하여 장난감, 기계장치, 이사광고, 기타 등등을 고안하고 만든다. 또한 교실꾸미기에 대한 조언도 포함되어 있다: 건축, 움직임 및 전동에 대한 기본적 기술, 그리고 평가 자료. Dale Seymour publications 발행(1998).

Why design? Activities and projects from the national building museum by Anna Slafer and Kevin Cahill

많은 프로젝트와 활동을 통해서 학생들은 좋은 디자인을 구성하는 것이 무엇인지 탐색할 수 있다. 학생들은 문제에서 창의적인 해결책까지 어떻게 디자이너가 작업을 하는지, 문화적인 가치가 환경을 형성하는지 발견할 수 있으며, 생각을 발전시키고 편집하는 방법, 좋은 건축자료를 선택하는 방법 및 아이디어를 제시하는 방법을 파악할 수 있다. Chicago Review Press 발행(1995).

미술

Conversions in paint by Charles Dunn

그림의 기초에 대한 포괄적인 도입으로 독자는 화가의 스케치북, 철학자의 일기 및 교사의 입문서 일부를 얻게 된다. 삽화와 내용은 초보자를 위한 기본적인 내용과 숙련된 화가를 위한 새로운 접근법을 소개한다. Workman Publishing 발행(1996).

Discovering great artists: Hands-on art for children in the styles of the great masters by MaryAnn F. Kohl and Kim Solga

로렌조 기베르티(Lorenzo Ghiberti), 메리 카삿(Mary Cassatt), 살바도르 달리(Salvadore Dali)와 칼 반 올스버그(Carl Van Allsburg)같은 유명한 화가의 단편 전기는 예술가의 특정 스타일을 탐색하는 동안 이들 예술가의 기여점에 대해 학습하도록 권장한다. Bright Ideas Press 발행(1996).

The great T-shirt book! by Carol Taylor

패션 디자인에 관심이 있는 학생은 납결, 홀치기 염색, 대리석 무늬 넣기, 목판 인쇄 및 스크린 인쇄를 포함한 여러 기술을 사용하여 옷을 만들 수 있다.

An introduction to acrylics by Ray Smith (1998)
An introduction to drawing by James Horton (1998)
An introduction to mixed media by Michael Wright (1999)
An introduction to perspective by Ray Smith (1999)
An introduction to watercolor by Ray Smith (1998)

독자가 미술수업을 들었든지 혹은 미술연필 혹은 붓을 잡아본 적이 없어도, 이 일련의 시리즈물은 여러 자료가 갖는 효과를 소개한다. 따라하기 쉬운 프로젝트의 단계적인 삽화로 보다 어려운 기술도 쉽게 접근하도록 하였다. DK Publishing 발행.

Handmade books and cards by Jean G. Kropper

자세한 설명과 사진 등을 통해서 제본하는 기술과 하드커버를 만드는 방법을 쉽게 배울 수 있다(기본적인 팸플릿에서 아코디언과 비슷한 제본까지). 또한 대안적인 책 형식, 감사카드 및 심지어 조각에 대한 아이디어도 포함되어 있다. Davis Publications 발행(1997).

Origami inspired by Japanese prints by Steve and Megumi Biddle

단계적인 지시를 따라 종이새, 꽃, 곤충, 동물, 심지어는 키모노를 만드는 법을 배울 수 있다. 메트로폴리탄 박물관 출신인 일본예술 큐레이터가 쓴 책은 종이접기의 중요성을 잘 설명하고 있다. Viking children's books 발행(1998).

비지니즈와 투자

Better than a Lemonade stand: Small business ideas for kids by Daryl Bernstein

청소하는 것에서 특별한 재능을 이용해서 이익을 가져오는 것까지 사업에 대한 아이디어를 갖고, 15살 다일 번스테인(Daryl Berstein)은 성공적인 사업을 운영할 때 필요한 정보와 기술을 소개하고 있다. 소비자를 행복하게 하는 조언, 가격 및 대부를 받는 것에 이르기까지의 정보가 포괄되어 있다. Beyond Words Publishing 발행(1992).

Growing money by Gail Karlitz

학생용 투자지침, Growing money는 주식과 증권의 차이, 재정수급방법, 예금

구좌은행의 실정, 주식매매 등을 설명한다. Price Stern Sloan Publishing 발행(1999).

Playing the market by Karen Isaacson

세계의 투자가들처럼, 학생들도 주식을 선택하고, 중개료를 보고, 계산하고, 투자가격을 조사하는 방법을 배운다. Dale Seymour Publications 발행(2000).

서예

Calligraphy by Caroline Young

이 책은 스텐실, 비문의 탁본, 양각 및 조각뿐 아니라 열다섯 가지 서예 스타일에 대한 기술과 장비를 소개한다. 실제 프로젝트를 위한 제안점들은 새로운 알파벳 디자인, 카드, 명암 및 선물을 만드는 것도 포함하고 있다. EDC Publishing 발행(1990).

Creative calligraphy by Pete Halliday

이 책은 특별한 연필과 장비 없이도 장식체 문자를 그리는 방법을 설명한다. 독자들은 여러 문체를 배우고 어떻게 사용할지, 결합문자와 글자그림을 디자인하고, 장식체 문자를 이용하여 초대장, 카드, 포스터, 책과 모빌 만드는 법을 배울 수 있다. Larousee Kingfisher Chambers 발행(2000).

만화

The complete book of caricature by Bob Staake

알 히쉬필드(Al Hirschfield), 데이빗 르빈(David Levine), 미셸 와이트(Michael White)와 같은 유명한 만화가의 단편 전기물을 통해 독자들은 이들 대가로부터 사사를 받을 기회를 가질 수 있다. 다룰 주제는 만화의 역할, 스타일 개발방법, 안면특징에서 성격잡기 및 만화가를 위한 여러 방법을 포함한다. North Light Books 발행(1991).

The creative cartoonist: A step-by-step guide for the aspiring amateur by Dick Gautier

삽화와 단계적 설명을 통해 만화가 지망생들은 인간의 얼굴과 특징을 어떻게 그릴지 볼 수 있다. 만화의 모든 기본들이 포함되어 있다: 자료, 기본 기술 및 그릴 여러 인물들. Perigee 발행(1989).

창의적인 작문과 출판

The art and craft of playwriting by Jeffrey Hatchen

Six degrees of separation과 Hedda Gabler같은 성공적인 희곡의 예를 통해서 햇첸(Hatchen)은 위대한 희곡의 요소를 보여준다. 작문연습을 통해서 긴장 및 갈등과 같은 기술을 연습해 볼 수 있고, 발달과 절정 순간을 연결짓고, 희곡적인 아이디어를 발전시킬 수 있다. 희곡 작가와의 인터뷰를 통해서 희곡을 쓰는데 필요한 생각과 기술을 통찰할 수 있다. Story Press 발행(1996).

Creating a page-turner by Janice Jones

이 지침서는 3학년에서 8학년까지의 학생용으로 좋은 허구소설을 쓰는 방법 및 배경 선정, 흥미진진한 인물 만들기, 플롯구성, 기술적인 언어사용, 독자의 관심을 사로잡기, 한눈에 들어오는 제목, 이야기 요소와 문법 고치기 등과 같은 것을 소개한다. Creative Learning Press 발행(1995).

The creative writing handbook by Jay Amberg and Mark Larson

이 책에 수록된 각 단원은 해설, 단편 허구소설 및 시를 쓰는데 필요한 기술, 자료와 기본 작업을 제시한다. 또한 글쓰기 연습, 분명한 초안쓰기 방향, 편집과 교정활동 등을 포함한다. Scott Foresman 발행(1992).

Painting the sky: Writing poetry with children by Shelley Tucker

쉘리 터커는 시를 파헤쳐서 은유, 유사, 의인화 및 다른 시적 요소를 적용해서 글을 쓰는 방법을 소개하고 있다. 연습과 활동을 통해 학생들은 본 것과 자신을 표현하는 새로운 방법을 배울 수 있다. Goodyear Publishing 발행(1995).

A teen's guide to getting published by Danielle Dunn and Jessica Dunn

십대를 위해 십대가 쓴, 이 책은 편집, 교정작업에서부터 원고지침 의뢰서와 편집자와의 작업까지 출판에 관한 모든 것을 망라한다. 학생들이 출판할 만한 곳과 대회 및 부가적인 자료 또한 포함되어 있다. Prufrock Press 발행(1997).

Writing poetry by Shelley Tucker

터커는 열네 가지 시적인 요소를 초보자 및 전문가 모두를 위해 이해하기 쉽게 정의하였다. 여러 연령층이 쓴 시를 통해서 시적 요소와 기술을 연습해 볼 수 있다. Scott Foresman 발행(1992).

The young person's guide to becoming a writer by Janet E. Grant

여러 장르를 시도해 보고, 자신의 작품을 평가하고, 출판업자를 찾고, 원고를 제출하는 등 지침을 제공한다. 또한 작가들의 조언, 성공담과 참고할 책 목록도 포함되어 있다. Free Spirit Publishing 발행(1995).

곤충학

Monarch magic! by Lynn M. Rosenblatt

작은 유충에서 나방으로 나방에서 다시 아름다운 나비까지, 학생들은 흥미진진한 내용과 천연색 사진을 통해서 나비의 생활과 이동성을 파악할 수 있다. 활동, 저널, 공예 등이 또한 수록되어 있다. Williamson Publishing 발행(1998).

Pet bugs: A kid's guide to catching & keeping touchable insects by Sally Kneidel (1994)

More pet bugs by Sally Kneidel (1999)

각 장은 특별한 곤충을 소개하고 어떻게 어디서 볼 수 있는지, 잡고 보관하는 방법과 흥미로운 곤충의 행동을 적고 있다. More pet bugs 이 책은 땅벌레, 괄태충과 달팽이 등 작은 생명체를 수록하고 있다. John Wiley & Sons 발행.

계보학

How to tape instant oral biographies by William Zimmerman

새로 개정된 이 책은 여러 가족구성원과 친구에게서 들은 이야기로 채워진 도서관을 만드는 방법을 소개한다. 가족의 이름, 날짜 및 여러 정보를 기록할 수 있는 형식을 포함하고 있으며 청각 비디오테이프 기술, 인터뷰와 질문을 하는 방법도 설명하고 있다. Betterway Publications 발행(1999).

Genealogy online: Researching your roots by Elizabeth Powell Crowe

인터넷과 통신망의 확대로 인해, 계보학에 대한 정보는 접근하기가 용이해졌다. 이 책은 계보학을 연구하려는 사람들에게 세계 각지에서 조상에 대한 정보를 찾기, National Genealogical Society의 게시판 같은 곳에서 필요한 정보를 찾고, 온라인 카드 카탈로그를 찾아보는 것 등에 대한 조언을 준다. McGraw-Hill 발행(1998).

Uppuzzling your past: A basic guide to genealogy, 3rd. Edition by Emily Anne

Croom

쿨름은 인터뷰 형식, 샘플 편지, 활동지 및 주소를 포함하여, 과거 연구를 하는데 필요한 모든 도구를 제시하고 있다. 작가는 또한 포괄적인 자료, 오래된 서류를 해독하기, 뚜렷이 구별되는 친척들의 성격특성과 신체적 특징을 찾는데 필요한 조언을 준다. Betterway Publications 발행(1995).

Writing family histories and memoirs by Kirk Polking

컬크 폴킹은 가족의 역사를 찾아보고 나서 그 시대와 이름을 이야기화할 수 있도록 돕는다. 각 장마다 있는 주제들은 법원기록, 인터뷰기술, 가계도 작성, 법적 문제 및 연구자료가 얼마나 충분한지 알 수 있도록 도와준다. 역사적 기록과 좋은 작문을 위한 조언도 또한 포함되어 있다. Writer's Digest Books 발행(1995).

일반 과학

Fun with your microscope by Shar Levine and Leslie Johnstone

사진, 그림과 과학경시대회 입상품을 통해서 일반적으로 볼 수 있는 물건을 조사하고 발견해 볼 수 있다. 학생들은 현미경 각 부분에 대해 배우고, 슬라이드 준비과정과 저널에서 자료를 찾는 법을 배울 수 있다. Sterling Publishing 발행(1999).

Science fair survival techniques for kids, parents, and teachers by the Wild Goose Company

과학경시 프로젝트를 개발할 때 적절한 질문을 만드는 방법을 배울 수 있다. 도입활동을 통해서 학생들은 특정 주제에 접하게 되고 주제에 따라 가능한 과학 프로젝트가 있다. 스스로 하기 섹션에서는 더 도전적인 실험과 확장을 위한 조언도 포함되어 있다. The Wild Goose Company 발행(1997).

Science without answers by B. K. Hixson

학생들은 도전적인 과학퍼즐을 혼자서 혹은 친구와 함께 풀 수 있다. 과학적 방법을 탐색해보고 화학, 식물학, 전기, 에너지, 비행, 기압, 생물학, 광학 및 물리학과 같은 주제를 가지고 스물다섯 가지 실험을 실시해 봄으로써 협동학습 기술을 개발할 수 있다. The Wild Goose Company 발행(1989).

지리학

The book of where, or how to be naturally geographic by Neill Bell

침실지도를 만들어 보면서 집에서 지질학에 대한 여행을 시작할 수 있다. 각 장마다 연속적으로 침실에서, 마을로, 주로, 국가로 세상을 확대해 나간다. 미국 지역에 대한 흥미진진한 이야기와, 지도를 읽는 활동 및 시간대에 대한 퀴즈는 바로 지리학에 푹 빠지게 만들어 준다. Little Brown 발행(1982).

Geography wizardry for kids by Phyllis S. Williams and Margaret Kinda

150가지 이상의 프로젝트, 지도, 게임, 만들기 및 실험, 지구, 해양, 기후 및 동물 미스터리 탐험 등이 있다. 지리학은 기억이상을 요구하는 것으로 세상을 탐험할 기회를 제공한다. Barrons 발행(1997).

역사

The story in history by Margot Fortunato Galt

상상력이 풍부한 작가로서 역사를 재경험하는 활동을 통해 미국역사를 배울 수 있다. 초기 지도, 남북 전쟁에 대한 월터 휘트만의 설명, 시오우스 인디언의 구전역사, 오레톤 철도에 대한 여성들의 일기 및 역사연구 같은 자료를 사용해서, 학생들은 전문 역사학자들이 하는 것처럼 사건들을 조사해 볼 수 있다. 학생들의 연구는 그들 나름의 역사적 해석으로 끝맺음한다. Teachers & Writers Collaborative 발행(1992).

발명

Inventing stuff by Ed Sobey

문제해결을 통해서 발명하는 것을 배운다. 섹션은 일기에 기록하기, 거꾸로 발명하기, 발명가와 발명품에 대한 사실뿐 아니라 기존의 것을 새롭게 사용하는 방법 찾기 등을 포함한다. 발명경시대회에 대한 정보를 이용하여 학생들은 자신의 발명품을 선보일 수 있도록 도움을 얻는다. Dale Seymour Publishing 발행(1995).

리더십

160 ways to help the world: Community service projects for young people by Linda

Leeb Duper

장난감 수집, 피난민을 위한 담요수선 및 안전캠페인 모금과 같은 서비스 프로젝트를 생각해보고 실시하는 방법을 배운다. 단계적인 지시에 따라, 저자들은 사업체의 도움을 얻고, 기금을 관리하고 선전기사를 만들 수 있도록 조언을 제시한다. 지역 서비스 발행과 조직에 대한 자료목록도 또한 포함되어 있다. Checkmark Books 발행(1996).

The kid's guide to social action: How to solve the social problems you choose and turn creative thinking into positive action by Barbara Lewis

실제 이야기를 수집하면서, 바바라 르위스는 편지쓰기, 인터뷰하기, 연설하기, 기금 모으기, 미디어 보도범위를 배열하기와 같은 사회적 운동이 미치는 힘을 설명하고, 예를 제시하였다. 실제 프로젝트의 예들과 형식을 통해서 학생들은 창의적인 사고를 긍정적인 행동으로 옮길 수 있다. Free Spirit Publishing 발행(1998).

수학

A blueprint for geometry by Brad Fulton and Bill Lombard

2~3주 프로젝트를 통해서, 학생들은 건축가가 되어본다. 청사진을 사용해서, 학생들은 척도그리기, 컴퓨터 건물 비용, 정확한 엘리베이션, 전기 배선계획, 방 전기 스위치 및 건축과 매일 매일 발생하는 계약자와 관련된 문제에 해답을 찾을 수 있다. Dale Seymour Publishing 발행(1998).

Mathematical investigations: A series of situational lessons, book one by Randall Sonvinery

기하학, 패턴, 조작연구, 사진 및 유전에 대한 주제에 대해 학생들은 창의성과 융통성을 갖고 실제세계에 수학적으로 접근하는 것을 배운다. 각 문제지침에 따라, 학생들은 지침을 판독하고, 주장을 타당화하고, 그 이유를 설명한다. 추후활동으로 흥미 있는 주제를 더 연구하거나 기술을 연습할 기회를 제공한다. Dale Seymour Publishing 발행(1990).

Math for smarty pants by Marilyn Burns

심지어 수학을 싫어하는 사람도 산수, 기하학, 논리, 통계와 게임을 포함하는 만화로 그려진 책을 좋아할 것이다. 학생들은 수학 게임을 만들고 즐기며, 흔들거리는 정육면체를 만들고, 달력문제를 해결하거나 여론 조사원이 되어본다. 이야기를 즐기고 사실에 심취되고, 활동에 빠지면 수학은 재미있는 과목이 된다. Little Brown 발행(1982).

Real life math mysteries by Mary Ford Washington

보조 도시건축기사는 하수로에 물이 새는 문제를 찾아내야 한다; 건축 감정사는 건물을 보수하는 비용을 산출해야 했다; 소방관은 불을 끌 때 얼마나 빨리 물을 빼낼 수 있는지 알아야 한다. 여러 직업에 대해 배우는 동안 학생들은 실제생활에 중요한 수학적 기술을 적용할 수 있다. Prufrock Press 발행(1995).

음악

Musical instruments by Meryl Doney

일상적인 물건과 쉽게 눈에 들어오는 지시를 따라, 학생들은 주위에서 볼 수 있는 것을 이용하여 악기를 만들 수 있다. 프로젝트 또한 왜 그리고 어디서 악기가 발달되었는지 정보를 제공한다. Franklin Watts 발행(1995).

Rubber-band banjos and a java jive bass by Alex Sabbeth

어떻게 소리가 만들어 지고 어떻게 들을 수 있는지 알아보고, 어떻게 악기가 음악연주를 하는지, 그리고 혼자서 악기를 어떻게 만들지 배울 수 있다. 단계적인 지시와 삽화가 있어서, 12개의 프로젝트와 음악 및 소리에 관한 실험을 할 수 있다. John Wiley & Sons 발행(1997).

고생물학

Make-a-saurus: My life with Raptors and other dinosaurs by Brian Cooley and Mary Ann Wilson

세계 박물관에 있는 공룡조각을 만들어 볼 수 있다. 브라이언 쿨리는 어떻게 공룡 연구를 하게 되었으며 공룡에 대한 열정을 가지게 되었는지 설명한다. 그리고 나서 학생들에게 자기가 사용한 것과 같은 혹은 유사한 기술을 사용해서 공룡을 만들어 볼 수 있는 기회를 제공한다. Annick Press 발행(2000).

사진학과 비디오학

How to make your own video by Perry Schwartz

페리 슈왈츠는 비디오를 제작할 때 필요한 이야기 구성요소와 기술적인 것을 설명한다. 학생들은 캠코더에서 찾아내야 할 것(피해야 할 것), 어떻게 비디오 샷을 준비하고, 스크립트, 개념과 작문을 쓰고, 카메라 각도를 잡고, 특수효과를 내는지 배운다. First Avenue 발행(1991).

Kidvid: Fun-damentals of video production by Kaye Black

분명한 설명과 교재를 통해서, 학생들은 기본적인 장비와 비디오를 찍는데 필요한 기술을 배운다. 9개의 에세이 레슨은 스크립트, 이야기 보드, 프로그램 처치, 프로덕션, 편집과 평가를 다룬다. Zephyr Press 발행(2000).

Photography by Andrew Haslam

35mm 필름을 사용하는 카메라와 삼각대뿐 아니라 바늘구멍 사진기를 만드는 것을 배운다. 게다가 어떻게 빛이 상을 맺고, 처치, 인화, 프린트, 확대 및 영화를 만드는지 파악하게 된다. Two-Can Publishing 발행(1996).

Usborne Guide to photography by Moira Butterfield and Susan Peach

분명한 단계적 지시는 모든 유형의 사진학에 대한, 사진기 조작에서부터 필름 현상까지, 조언을 준다. 조언은 사진 찍기, 특수효과와 일반적인 실수를 피하는 가장 좋은 방법에 주안점을 둔다. EDC Publishing 발행(1991).

공개적 연설

How to debate by Robert E. Dunbar

볼트와 나사지침은 논쟁유형에 대한 정보와 주장을 준비하는 방법, 효과적인 전달, 반대자의 말을 듣고 반응하기, 논쟁을 판단하기에 대한 정보를 제공한다. 링컨(Lincoln) 대통령, 윌리엄 버클리(William F. Buckley, Jr.)와 에드문드 버크(Edmund Burke)같은 연설자의 좋은 연설문 또한 포함하고 있다. Franklin Watts 발행(1994).

The public speaking handbook by Susan J. Benjamin

설득적인 연설을 쓰고 정보를 모으고 수집하는 것에 대한 조언 외에, 수잔 벤저민은 효과적으로 비언어적인 의사소통 기술을 사용하는 방법, 청중의 흥미를 끄는 방법, 의미를 전달할 때 목소리는 어떻게 내어야 하는지 등에 대한 것을 제공한다. Good Year Publishing 발행(1996).

연구

Looking for data in all the right places by Alane J. Starko and Gina D. Schack (1992)

Research comes alive! By Gina D. Schack and Alane J. Starko (1998).

초등학교 학생용으로 Looking for data in all the right places를 사용하여 연구문제의 답을 찾는데 자료를 수집하고 분석하는 방법을 가르칠 수 있다. 각 장은 여러 단계의 연구과정을 설명하고, 예와 실제 활동을 수록하였다. Research comes alive! 는 많은 같은 주제를 다루지만 중, 고등학생을 위해 더 깊이 있는 내용을 다룬다. Creative Learning Press, Inc. 발행.

A student's guide to conducting social science research by Barbara Bunker, Howard Pearlson, and Justin Schultz

본 책은 연구와 실제 생활경험 간의 관계를 보여주고 연구를 실시할 수 있도록 9단계 접근방법을 제시한다. 학생들은 직접 활동을 하면서 자료수집을 한다. 각 장마다 연구 설계, 조사, 관찰, 실험 등에 대한 정보를 제시한다. Creative Learning Press, Inc. 발행(1999).

Take ten... steps to successful research by Liz Rothlein and Anita Meyer Meinbach

연구를 10개의 논리적이고 재미있는 단계로 나눠서, 분석, 평가 및 합성하는 기술을 가르친다. 각 장은 대상 선택, 적절한 참고자료 선택, 개요 작성 및 최종본 작성과 같은 10단계 중 각 한 단계씩 주안점을 두고 다룬다. Scott Foresman 발행(1991).

극장

Acting and directing by Russell J. Grandstaff

연극과 연출에 대한 것으로 어떻게 이 핵심적인 2 요소가 함께 전문적인 공연을 만들어 내는지 보여준다. 연극 부분은 목소리와 몸을 표현적으로 사용하여 특징을 만드는 것으로 무대지향적이고 공연을 다룬다. 연출부분은 연출가의 사전 리허설과 리허설에 대한 책임에 초점을 둔다. Passport Books 발행(1990).

Acting and theatre by Cheryl Evans and Lucy Smith

독자들은 실제 무대예술, 소품, 의상디자인, 조명과 음향기술은 물론, 배우가 연습하고 리허설 하는 방법에 대해 배운다. EDC Publishing 발행(1992).

The most excellent book of how to be a puppeteer by Roger Lade

이 자료는 여러 종류의 인형을 만드는 방법, 인형을 조작하는 방법과 인형극장을 만드는 방법에 대한 것을 담고 있다. Copper Beech Books 발행(1996).

부록 E

다중메뉴모델의 실제

MMM(Multiple Menu Model)을 활용한 한국학 수업안

건국대학교 영재교육

강원정

한가위 : 우리나라〈한국〉에 대해 공부하기

한국학은 한국에 관한 언어 · 역사 · 지리 · 정치 · 경제 · 사회 · 문화 등 각 분야에 걸쳐 한국 고유의 것을 연구 · 계발(啓發)하는 학문이다. 한국학이라는 용어는 8 · 15 광복 후에 사용되기 시작하였으며, 특히 6 · 25 전쟁 이후 학계의 활발한 연구 활동과 더불어 널리 사용되었다. 한국학은 단순히 국학(國學)이라고도 할 수 있으나, 국학이란 용어는 보수적 또는 국수주의적인 느낌이 있어 한국학이라는 용어로 일반화되었다.

한국학의 연구 분야는 크게 두 가지로 나누어볼 수 있다. 그 하나는 주로 한국문화의 발달을 역사적 접근방법으로 연구하는 분야이다. 구체적으로 한국역사 · 한국언어 · 한국문학 · 한국음악 · 한국민속 · 한국종교 · 한국과학 등을 들 수 있다. 이 외에도 한국미술 · 한국철학 · 한국의학 · 한국경제 · 한국정치 · 한국법제 등의 연구 분야가 있다. 또 다른 하나는 과거의 문화에만 역점을 두지 않고 현대의 연구도 포함하는 보다 넓은 범위의 한국학인데, 이것은 자칫하면 한국문화 또는 한국현실의 인문 · 사회 · 과학적 조사를 위주로 하는 연구로 오인될 우려가 있으므로 여기에서는 전자의 한국학에만 국한시켜 학습활동을 전개하고자 한다.

본 학습에서 초등1학년의 지적 수준을 고려할 때, 한국학의 직접적인 도입과 학습이 아동으로 하여금 학습에 대한 두려움을 초래할 수 있으므로 "한가위"라는 소재를 활용하여 한국학을 도입하고, '한국학'이라는 전문용어보다는 '우리나라〈한국〉에 대해 공부하기'로 학습에 대해 안내하여 학습이전의 거부감을 제거하고자 한다. 그러나 아동의 수용수준을 고려하여 가능할 경우 '한국학'의 용어를 도입하도록 한다.

학습의 계열은 '한가위'라는 소재를 통해 한국학의 개념을 도입하고, 한국학의 세부영역을 탐색하고, 살펴보기(관찰), 역할놀이, 조사-발표, 견학 등의 방법을 통하여 한국학의 영역에 접근, 학습하도록 한다.

한국학 학습을 위한 주제를 다음과 같이 제시하고자 한다.

- 한가위의 뜻과 유래의 이해
- 우리나라(한국)의 고유한 문화와 역사에 대한 관심
- 한국학 영역의 분석
- 한국학의 분류기준과 영역의 이해
- 살펴보기(관찰), 역할놀이, 조사-발표, 견학의 방법 이해 및 적용
- 우리나라 문화의 특징 발견 및 이해
- 우리나라 역사의 특징 발견 및 이해
- 우리나라 문화 발전을 위한 방향 제시
- 나라의 주역으로서 우리의 역할

한국학은 문학, 역사학, 언어학, 지리학, 정치학, 경제학, 사회학 등을 기반으로 한 학문으로, 본 학습에서는 이러한 기반 학문 중 문학과 역사학에 기초한 일반원리와 개념을 바탕으로 한국이라는 특수성을 가미하여 이해하도록 지도한다.

원리	개념	학생 연구	방법론적 기술
• 각 나라(민족)는 고유의 문화를 지니고 있다. • 각 나라(민족)는 자신의 역사가 있다. • 나라에 속한 사람들의 정체성의 기저에는 그들의 나라(민족)의 문화와 역사가 존재한다. • 개인의 문화와 역사가 모여 나라(민족)의 문화와 역사가 형성된다.	• 한가위 • 유래 • 풍습 • 중추절 • Thanksgiving Day • 나라 • 민족 • 생활양식 • 문화 • 역사 • 한국학 • 풍물놀이	• 한가위의 풍습을 알아보자 • 한가위의 유래를 알아보자 • 한국학(한국에 대한 공부)는 무엇인가? • 우리나라의 특징은 무엇인가? • "문화"란 무엇인가? • "역사"란 무엇인가? • 우리나라 특징을 영역에 따라 분류해보자 • 영역에 따른 우리나라의 특징을 발견해보자. • 우리나라 특징을 알아보기 위한 방법은 무엇인가? • 살펴보기(관찰)는 어떻게 하는가? • 역할놀이는 어떻게 하는가? • 조사-발표는 어떻게 하는가? • 견학은 어떻게 하는가? • 우리나라 문화의 특징은 무엇인가? • 우리나라 역사의 특징은 무엇인가? • 우리나라의 문화를 더욱 발전시키기 위해서는 어떻게 해야 하는가? • 우리의 미래를 어떻게 이끌어 가야 하는가? • 우리나라에 대해 알게 된 점은 무엇인가? • 각각의 활동 후 무엇을 느꼈는가?	• 살펴보기 (관찰) • 역할놀이 • 조사-발표 • 견학

Tree of Knowledge

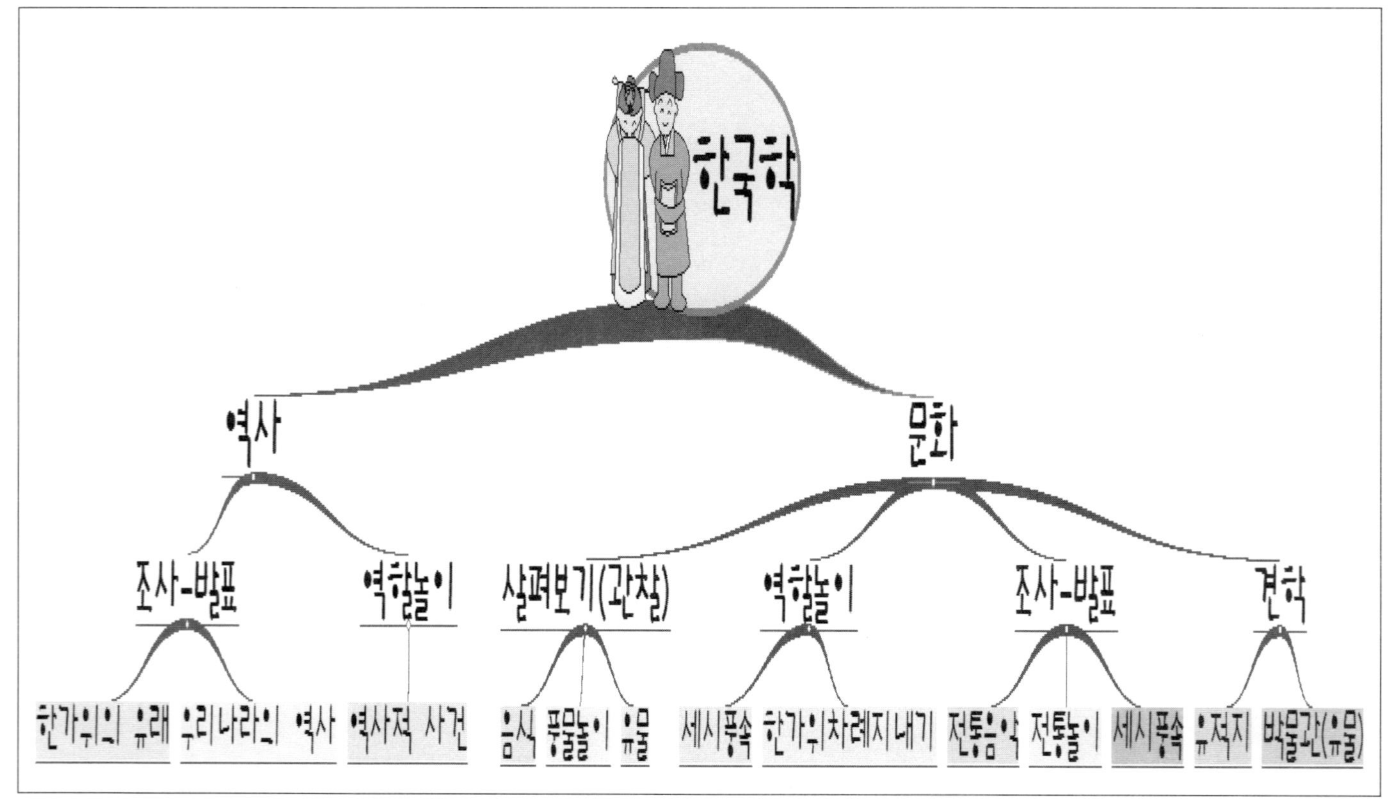

Multiple Menu Unit Plan Template

Unit Title 한가위: 우리나라〈한국〉에 대해 공부하기 (Section Ⅰ: Location, Definition, Organization Grade Level 초등1학년

교수목적과 활동

_×_ **동화와 기억**
- 한가위의 뜻을 이해하고 우리의 전통문화에 대하여 관심을 갖는다.
- 우리나라(한국)의 고유한 문화와 역사에 관심을 갖는다.

_×_ **정보 분석**
- 한가위의 풍습에 대해 발표한 내용을 분석하고, 비교한다.
- 한가위의 유래에 대해 이해한다.
- 지식나무를 소개하며 한가위를 통해 배우고자 하는 한국학의 영역을 분석한다.
- 우리나라(한국)의 특징을 다른 나라와 비교하여 제시한다.

_×_ **정보합성과 적용**
- 한가위가 우리나라 고유의 명절로 다른 나라와 문화적 차이가 있음을 이해하고, 중국의 중추절(추석)과 미국의 Thanksgiving Day 등과 비교하여 의미를 되새긴다.
- 우리나라 문화의 특징에 관심을 갖고 세부영역에 적용한다.

___ **평가**

교수책략

_×_ 강의
_×_ 단순반복
___ 또래 교수
___ 토론
___ 프로그램화된 교수
___ 역할 놀이
___ 시뮬레이션
___ 모방한 보고서나 프로젝트
___ 문제기초
___ 지침이나 지침 없는 독립연구
___ 기타 storytelling

교수 산출물

구체적인 산출물
___ 예술적
___ 무대공연
_×_ 구어적
___ 시각적
___ 모델/구조물
___ 리더십
_×_ 문어적

추상적인 산출물
___ 인지발달
_×_ 정서적

레슨을 소개하는 게시판
- 교사의 한가위(추석)에 대한 경험을 이야기해주며 자연스럽게 아동의 경험을 상기하도록 이끈다.
  (가능하다면 학습시기를 한가위와 일치시키는 것이 용이하다)
  아동의 경험은 비판 없이 모두 수용하고, 아동간의 동일한 경험이 발표되면 동일한 경험임을 상기시켜준다.
  (아동의 경험이 충분히 표현되도록 하고, 아동 자신의 경험을 수업자료로 활용함으로 아동의 학습의욕을 고취시킨다)
  아동들에게서 공통적으로 발견되는 경험을 토대로 한가위의 풍습을 도출한다.
- 한가위의 유래에 대해 이해한다.
  한가위의 풍습에 아동이 공감하게 되면, 우리나라 고유의 명절인 한가위에 대한 유래를 교사의 구연을 통해 제시한다. 또한 발생배경이 비슷한 중국의 중추절(추석)과 미국의 Thanksgiving Day 등에 대해 비교 설명하여 이해를 돕는다.

예술적 수정
- 한가위(추석)에 대한 경험을 이야기하며 교육목표를 도입한다.
- 외국에 여행을 나가 비슷한 동양인(중국인, 일본인 등)으로 오해받는 사례를 들어 한국인으로서 고유한 것들을 찾아보도록 한다.

학생 연구문제
- 한가위의 풍습을 알아보자
- 한가위의 유래를 알아보자
- 한국학(한국에 대한 공부)은 무엇인가?
- 우리나라의 특징은 무엇인가?

평가
___ 산출물 평가
___ 인터뷰/관찰
___ 저널
_×_ 학습일지
___ 무대공연 평가
_×_ 구어적 평가
___ 다중 선택
___ 에세이
___ 기타

참고자료/지역사회자원
- 한가위 유래 및 풍습 자료
- 한국문화, 역사관련 시청각자료

- 우리나라의 한가위, 중국의 중추절(추석), 미국의 Thanksgiving Day 등의 설명을 통해, 각각의 나라들은 서로 비슷하지만 다른 명절(문화)를 갖고 있음을 이야기해준다.

- 비슷하지만 서로 다른 예에 대해 이야기한다.
  외국 여행시 일어날 수 있는 상황에 대해 예를 들어 설명해준다. 우리(동양인)가 볼 때, 서양인은 비슷해 보이기 때문에 각각의 (출신)나라를 알기 어렵지만 그 사람들의 언어, 생활이나 문화를 통해 구분할 수 있다. 마찬가지로 서양인이 볼 때, 동양인은 (대표적으로) 우리나라 사람과 중국인, 일본인이 비슷비슷해 보이지만, 각각은 언어도 다르고, 생활습관, 명절, 문화도 다르다는 사실을 인식시킨다.
  나라마다 서로 다른 특징(언어, 문화, 생활, 역사 등)이 있으며, 우리는 다른 나라와 구별되는 특징을 갖고 있고, 이로 인해 더욱 한국인다워짐을 이야기한다.
  (이때, 절대 우리나라의 특징이 다른 나라에 우월하거나 열등하다는 인식이 심어지지 않도록 주의한다. 각 나라가 드러내는 특징은 "다름"이지 절대 "서열"이 아님을 인식시키고, 우리의 것이 존중되고 싶은 만큼 다른 나라의 것 역시 존중되어야 한다는 사실을 충분히 이해하도록 한다).

- 다른 나라와 구별되는 우리 문화에 대한 이해의 당위성이 확보되면, 지식나무를 도입하여 학습의 위계를 설명한다.
  (이미 구성된 지식나무를 제시하지 말고, "한국학"이라는 근간에 문화, 역사, 언어, 지리, 정치, 경제, 사회 등 여러 가지가 있으며, 이 모든 것에서의 고유한 내용이 "한국학"임을 설명한다)
  이때 아동의 연령과 이해수준을 고려하여 전문용어에 대한 충분한, 아동 언어로의 설명을 수반하도록 한다.
  (전문 용어에 대한 난해함으로 오히려 학습에 대한 두려움을 야기할 수 있다고 판단되면, 전문용어의 사용을 피하고 무엇을 배울지에 대한 설명을 우선하고, "한국학"은 "우리나라(한국)에 대한 공부"라는 용어로 대체할 것을 제안한다)

- 우리나라의 특징(한국문화, 역사 등)에 대한 시청각 자료를 제시한다.

- 자료를 통해 파악한 우리나라의 특징을 발표하도록 한다. 발표내용은 제시된 자료를 통해 알게 된 것은 물론, 기존에 아동이 알고 있었던 내용도 발표하도록 한다.
  (제시된 자료가 아닌 알고 있었던 자료가 또 있음을 상기시킴으로써 더 많은 특징이 있음을 알게 하고, 이로써 후차시를 위한 조사학습의욕을 상승시키도록 한다)

- 다양한 특징을 각각의 종합장에 정리한다.
  (우리나라의 특징이 매우 다양함을 인식함으로써 Section I을 마무리한다. 지식나무에 기초한 분류는 Section II에서 다루도록 한다)

Multiple Menu Unit Plan Template

Unit Title 한가위: 우리나라〈한국〉에 대해 공부하기 (Section II: Basic Principles and Functional Concepts)   Grade Level 초등1학년

교수목적과 활동

_×_ **동화와 기억**
- 우리나라(한국)의 다양한 특징에 대해 기억한다.
- 문화, 역사에 대해 이해한다.

_×_ **정보 분석**
- 우리나라(한국)의 특징을 문화와 역사 영역에 따라 분류한다.
- 문화의 여러 영역에 따라 분류한다.

_×_ **정보합성과 적용**
- 분류한 특징 이외에 각 영역에서 우리나라(한국)의 특징을 발견한다.

___ **평가**

교수책략

_×_ 강의
_×_ 단순반복
___ 또래 교수
___ 토론
___ 프로그램화된 교수
___ 역할 놀이
___ 시뮬레이션
___ 모방한 보고서나 프로젝트
_×_ 문제기초
___ 지침이나 지침 없는 독립연구
_×_ 기타 storytelling

교수 산출물

구체적인 산출물
___ 예술적
___ 무대공연
_×_ 구어적
___ 시각적
___ 모델/구조물
___ 리더십
_×_ 문어적

추상적인 산출물
_×_ Cognitive Development
___ Affective

예술적 수정
- 우리집에서만 갖고 있는 습관(가풍)을 들어, 가족끼리 전해지는 생활양식이 있음을 이야기하며 "문화"의 의미를 설명한다.
- 우리집의 과거 사건들을 나열하며 "역사"의 의미를 설명한다.

학생 연구문제
- "문화"란 무엇인가?
- "역사"란 무엇인가?
- 우리나라 특징을 영역에 따라 분류해보자
- 영역에 따른 우리나라의 특징을 발견해보자.

레슨을 소개하는 게시판
- 전차시에 정리했던 우리나라의 특징을 다시 한 번 상기한다.

- 상기한 내용을 바탕으로 비슷한 범주로 아동스스로 기준을 정해 '개인별 특징분류표'를 작성하여 분류해보도록 한다.
  (아동 각각의 범주에 대해 인정해주도록 한다. 아동의 범주 중 문화, 역사와 근접한 범주분류를 한 내용을 인용하는 방법으로 이끌도록 한다. 만약, 근접한 범주분류가 없다면, 교사의 안내를 통해 분류하도록 한다)

- 분류한 기준에 대해 이야기한다.
  우리집에서만 갖고 있는 습관(가풍)을 들어, 가족끼리 전해지는 생활양식이 있음을 이야기한다. 이러한 생활양식의 확대개념이 "문화"임을 설명한다.
  우리집의 과거 사건들을 이야기하고, 나라에 있었던 사건들이 "역사"임을 설명한다.

평가
_×_ 산출물 평가
___ 인터뷰/관찰
___ 저널
___ 학습일지
___ 무대공연 평가
___ 구어적 평가
___ 다중 선택
___ 에세이
___ 기타

참고자료/지역사회자원
- 지식나무
- 개인별 특징분류표

★ 문화 (사전학적 의미) : 문화인류학에서는 미개(未開)와 문명(文明:高文化)을 가리지 않고, 모든 인류가 문화를 소유하며 인류만이 문화를 가진다고 생각한다. 여기에서 문화의 의미는 인류에서만 볼 수 있는 사유(思惟), 행동의 양식(생활방식) 중에서 유전에 의하는 것이 아니라 학습에 의해서 소속하는 사회(협동을 학습한 사람들의 집단)로부터 습득하고 전달받은 것 전체를 포괄하는 총칭이다.

★ 역사 (사전학적 의미) : 인간이 거쳐 온 모습이나 인간의 행위로 일어난 사실이나 그 사실에 대한 기록이다.

• 문화와 역사에 대한 개념을 설명한다.

• 지식나무의 계열을 재차 설명하여 학습의 계열을 아동이 이해하도록 한다.

• 문화의 하위영역에 대해 설명한다.

• 문화의 하위영역에 속하는 우리나라의 특징을 발견한다.

• 역사 영역에 속하는 우리나라의 특징을 발견한다.

(알고 있는 내용이 미약함을 스스로 인식하고, 아동 스스로 더 발전된 학습에 대한 욕구가 자극되도록 한다. Section II에서 개념정리를 하고, 이를 바탕으로 Section III에서 방법론에 관한 지식을 습득하게 하도록 학습이 계획되었다. Section III에서 방법을 습득하여 직접 자료탐색을 통한 학습의욕을 만족시킬 수 있음을 암시하고 Section II를 마무리한다)

Multiple Menu Unit Plan Template

Unit Title 한가위: 우리나라〈한국〉에 대해 공부하기 (Section III: Knowledge About Methodology) Grade Level 초등1학년

교수목적과 활동

_×_ **동화와 기억**
- 한국학의 분류기준과 영역을 이해한다.

_×_ **정보 분석**
- 살펴보기(관찰)의 방법을 알아본다.
- 역할놀이의 방법을 알아본다.
- 조사-발표의 방법을 알아본다.
- 견학의 방법을 알아본다.

_×_ **정보합성과 적용**
- 살펴보기(관찰)의 방법을 적용하여, 세부영역에서 우리나라의 특징을 발견한다.
- 세부영역의 내용을 역할놀이로 표현한다.
- 조사 방법을 적용하여, 세부영역에서 우리나라의 특징을 발견하고 발표한다.
- 견학을 하여, 세부영역에서 우리나라의 특징을 발견한다.

_×_ **평가**

교수책략

_×_ 강의
_×_ 단순반복
_×_ 또래 교수
_×_ 토론
___ 프로그램화된 교수
___ 역할 놀이
___ 시뮬레이션
___ 모방한 보고서나 프로젝트
___ 문제기초
_×_ 지침이나 지침 없는 독립연구
_×_ 기타 storytelling

교수 산출물

구체적인 산출물
___ 예술적
___ 무대공연
_×_ 구어적
___ 시각적
___ 모델/구조물
___ 리더십
_×_ 문어적

추상적인 산출물
___ 인지발달
___ 정서적

예술적 수정
- 어릴 적, 차례준비를 하시는 어머니 옆에서 TV를 보다가 TV에서 풍물놀이를 하는 농악대를 보고, 어머니께 풍물놀이를 가르쳐 달라고 졸랐던 경험을 이야기해 준다. (적절한 방법의 필요성)

학생 연구문제
- 우리나라 특징을 알아보기 위한 방법은 무엇인가?
- 살펴보기(관찰)는 어떻게 하나?
- 역할놀이는 어떻게 하나?
- 조사-발표는 어떻게 하나?
- 견학은 어떻게 하나?

레슨을 소개하는 게시판
- 어릴 적, 차례준비를 하시는 어머니 옆에서 TV를 보다가 풍물놀이를 하는 농악대를 보고, 어머니께 풍물놀이를 가르쳐 달라고 졸랐던 경험을 이야기해 준다.
  (이는 찾고자하는 내용에 대해 적절한 방법이 필요함을 알려주기 위한 예시임과 동시에 우리나라의 특징의 세부영역인 풍물놀이에 대한 내용을 알기 위해서는 "견학"의 방법을 사용해야함을 함께 지도하도록 한다)
- 한국학의 세부영역을 상기하고, 각 영역을 탐구(학습)하기 위한 방법을 알아본다.
  (저학년의 미숙함으로 적합한 방법을 찾기 곤란할 경우, 다양한 방법(살펴보기(관찰), 역할놀이, 조사-발표, 견학 등)이 있음을 알려주고, 이들 중 적절한 방법을 고르도록 할 수도 있다)
  (저학년의 교육과정에 제시된 방법만을 제시하였다. 다만, 아동의 역량이 가능한 경우, 인터뷰나 설문 등의 방법도 확대 가능하다)

평가
___ 산출물 평가
_×_ 인터뷰/관찰
___ 저널
___ 학습일지
___ 무대공연 평가
___ 구어적 평가
___ 다중 선택
___ 에세이
___ 기타

참고자료/지역사회자원
- 지식나무
- 각 방법에 대한 예시자료

• 스스로 탐구(학습)할 (관심)영역을 선택한다.
(영역선택을 우선하고, 적절한 방법을 찾아 학습하여도 좋다)
(관심영역이 같은 아동은 함께 활동하도록 모둠을 조직하여 활동하게 한다. 그러나 개별활동이 가능한 영역의 경우 아동의 희망에 따라 개별활동도 가능하게 한다)

• 선택한 영역을 탐구(학습)할 방법을 알아본다.

★ 살펴보기 (관찰) : 자료를 자유롭게 만져보면서 관찰대상의 특성, 즉 사물의 모양, 크기, 색깔, 냄새, 소리, 촉감 등을 오감을 통해서 탐색하는 활동을 한다. 이때, 관찰의 기준 및 관점을 명확히 하고 관찰하도록 한다.

★ 역할놀이 : 실제상황을 알아보고, 각자의 역할을 맡는다. 상황에 적절한 대본을 준비하고, 각각의 역할에 적절한 준비(소품 등)를 마련하여 실제처럼 연극을 꾸민다. 역할놀이는 단순히 연극을 하는데 그치지 말고, 역할놀이에 참여하며 그 역할이 되어 느낀 점과 새로이 적용하고 싶은 내용 등을 발표하도록 한다.

★ 조사-발표 : 무엇을 조사할 것인지(조사 내용 및 목표)를 분명하게 하고, 어떤 자료를 어디에서 어떻게 찾아볼 것인지(책과 인터넷 활용 등)를 정한다. 책을 활용할 경우, 학교 도서실의 역사관련 도서를 찾고 목차 및 색인 등을 활용하여 자료를 찾는다. 인터넷을 활용할 경우, 검색사이트를 통하여 한국역사관련 사이트에 접속하여 각 메뉴텝을 활용하여 자료를 검색하거나 검색사이트에 검색된 내용을 선별하여 자료를 찾도록 한다. 발표를 할 때에는 발표자를 정하거나, 참가자가 각각의 조사한 내용을 발표해도 좋다. 발표할 때는 조사방법과 과정에 대해 알리고, 어디에서 어떤 자료를 어떻게 찾았는지 밝히고, 자료를 나열만 하지 말고 나름의 기준에 따라 정리하여 발표하도록 한다.

★ 견학 : 찾고자 하는 내용을 알 수 있는 견학장소를 찾고, 견학을 위해 데려가 주실 보호자를 찾아 부탁드린다. 견학장소에 가서 찾고자 하는 내용을 관찰하고 조사하여, 이를 정리하도록 한다.

Multiple Menu Unit Plan Template

Unit Title 한가위: 우리나라〈한국〉에 대해 공부하기 (Section IV: Representative Topics) Grade Level 초등1학년

교수목적과 활동

_×_ **동화와 기억**
- 우리나라 고유의 문화와 역사를 안다.

_×_ **정보 분석**
- 우리나라 문화의 특징을 안다.
- 우리나라 역사의 특징을 안다.

_×_ **정보합성과 적용**
- 우리나라의 문화를 더욱 발전시키기 위한 방향을 제시해본다.
- 우리나라의 역사를 알고, 앞으로 우리가 나라의 주역으로서 무엇을 할 것인지를 생각한다.

_×_ **평가**
- 각각 선택한 세부영역에 대한 탐구(학습) 결과물(관찰보고서, 역할놀이 자기평가, 조사내용 및 발표, 견학보고서 등)에 대해 평가한다.
- 활동 후 알게 된 점과 느낀 점을 발표하도록 하여 평가한다.

교수책략

___ 강의
___ 단순반복
___ 또래 교수
___ 토론
___ 프로그램화된 교수
_×_ 역할 놀이
___ 시뮬레이션
_×_ 모방한 보고서나 프로젝트
___ 문제기초
___ 지침이나 지침 없는 독립연구
_×_ 기타 storytelling

교수 산출물

구체적인 산출물
___ 예술적
_×_ 무대공연
_×_ 구어적
_×_ 시각적
___ 모델/구조물
___ 리더십
_×_ 문어적

추상적인 산출물
_×_ 인지발달
_×_ 정서적

예술적 수정
- 외국에 나가면 하나같이 소중해 지는 우리의 것들에 대해 이야기를 한다.

학생 연구문제
- 우리나라 문화의 특징은 무엇인가?
- 우리나라 역사의 특징은 무엇인가?
- 우리나라의 문화를 더욱 발전시키기 위해서는 어떻게 해야 하는가?
- 우리의 미래를 어떻게 이끌어 가야 하는가?
- 우리나라에 대해 알게 된 점은 무엇인가?
- 각각의 활동 후 무엇을 느꼈는가?

레슨을 소개하는 게시판
- 외국에 나가면, 하나같이 소중해지는 우리의 것들에 대해 이야기한다.
  (언어, 문화 등과 관련된 소재를 응용한 이야기를 도입한다)
- 탐구(학습)한 내용을 발표 준비한다.
  (직접 청중 앞에서 발표할 내용은 발표하도록 하고, 전시할 내용은 교실의 주변에 적절한 게시판을 활용하여 전시하도록 한다)
- 탐구(학습)한 내용을 발표한다.
  (발표에 적합한 내용을 발표한다)
- 전시된 내용을 관람한다.
  (전시된 내용을 충분히 관람할 수 있는 간격으로 시간을 배려하도록 한다. 이때, 전시내용을 관람하며 필요한 내용은 메모하도록 안내한다)

평가
_×_ 산출물 평가
_×_ 인터뷰/관찰
___ 저널
___ 학습일지
_×_ 무대공연 평가
_×_ 구어적 평가
___ 다중 선택
_×_ 에세이
___ 기타

참고자료/지역사회자원
- 관찰보고서
- 역할놀이 대본 및 자기평가서
- 조사-발표자료
- 견학보고서

- 활동한 아동을 무작위로 4~5명 단위로 조직하여 각 활동 후 알게 된 점에 대해 서로 이야기해보도록 한다.
- 알게 된 점을 바탕으로 우리나라의 문화를 더욱 발전시키기 위한 방향을 토의한다.
  (긍정적인 발전을 위해 노력할 점을 진지하게 이야기하도록 안내한다)
- 우리나라의 미래에 앞으로 어떤 일들이 일어났으면 좋을지 이야기해 본다. 그 속에서 자신은 어떤 역할을 하고 있을지 생각해본다.
  (실천가능한 미래의 역할을 생각하도록 한다)
- 활동 후 알게 된 점과 느낀 점을 발표한다.
  (자유롭게 발표하며 정리, 마무리한다)

Multiple Menu Model - 적용단원: 6-1 2. 지진

건국대학교 교육대학원 영재교육전공

유 선 영

◀ Tree of Knowledge : Seismology ▶

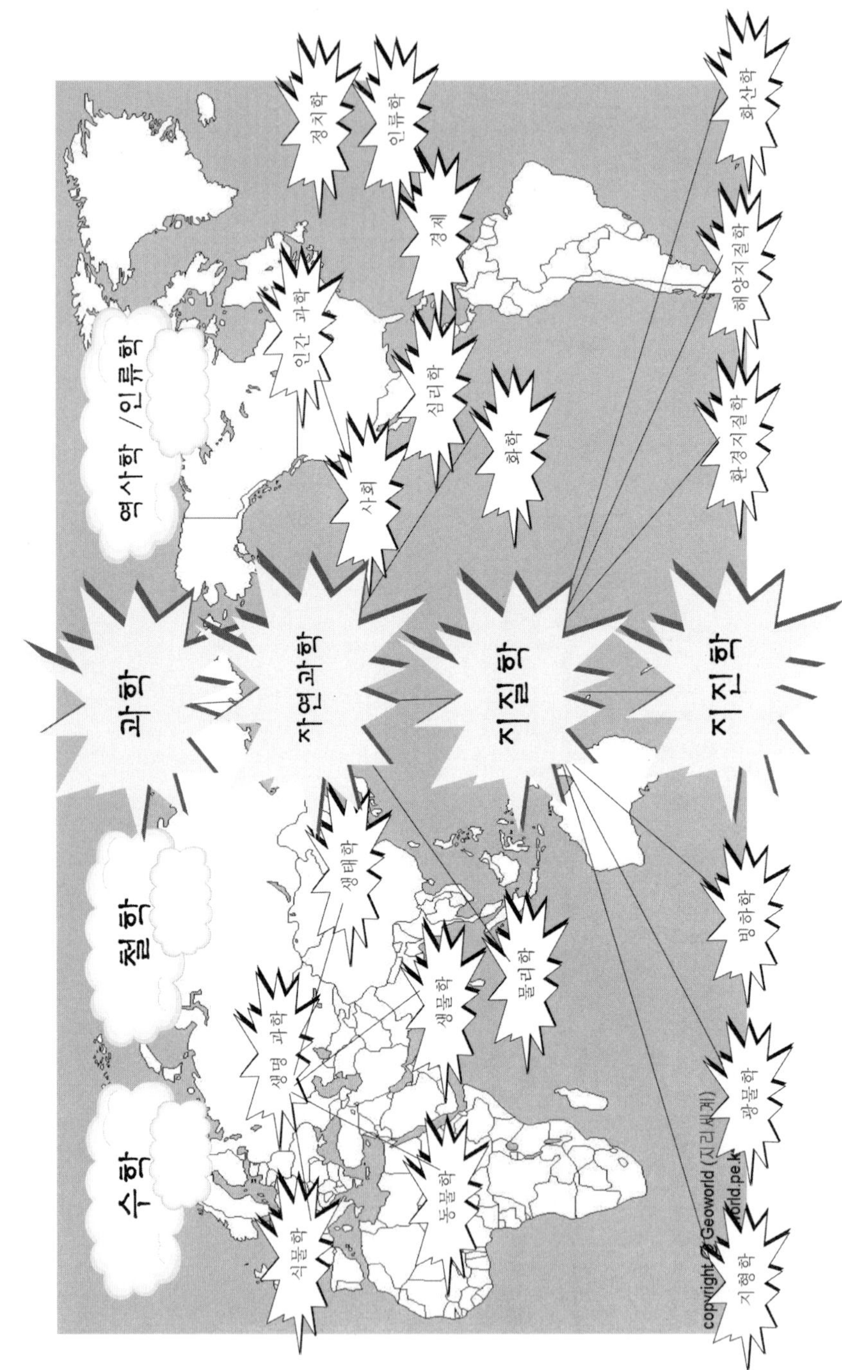

◆ 이번 단원에서 학생들이 배우게 될 주된 원리, 개념, 학생에게 질문할 내용

원리	개념	학생 연구	방법론적 기술
• 지진은 땅속의 거대한 암석이 부서지며 그 충격으로 땅이 흔들리는 자연현상이다. • 지구 내부에서 최초로 지진이 발생한 지역이 진원이며, 진원의 바로 위 지표면 지점을 진앙이라 한다. • 지진 자체의 크기를 규모라 하며, 지진으로 인한 피해 정도를 진도라고 한다. • 지진이 자주 일어나는 지역을 지진대라 한다. • 지층은 지구 내부의 힘에 의해 휘어지거나 끊어진다.	• 지진 • 지진대 • 진도 • 규모 • 진앙 • 진원 • 단층 • 습곡 • 힘 • 지진계 • 지진파 • 내진설계	• 지진학이란 무엇인가? • 최근 큰 지진이 발생한 다른 나라의 지역과 우리나라에서 발생한 비교적 큰 지진은 어디에서 일어났는가? • 지진으로 인한 피해를 최소화할 수 있는 방법에는 무엇이 있는가? • 지진으로 인한 피해는 어떤 한 것들이 있는가? • 과학자들은 지진을 어떻게 예측하는가? • 동물은 지진을 예측할 수 있을까? • 세계적으로 지진이 자주 발생하는 지역은 어디인가? • 우리나라는 지진의 안전지대인가? • 지진계의 원리는 무엇인가?	• 지진에 관해 조사하는 방법 • 진도와 규모를 실생활에서 바르게 사용하는 방법 • 습곡 및 단층 모형실험 만드는 방법 • 지진파를 측정, 기록, 해석하는 방법 • 과학자들이 지진의 가능성을 예측하는 방법 • 간이 지진계 만드는 방법

◀ Representative Topic Template ▶

기본원리와 기능적 개념	대표적인 주제
• 지진 • 지진대 • 진도 • 규모 • 진앙 • 진원 • 단층 • 습곡 • 힘 • 지진계 • 지진파 • 내진설계	• 과연 우리나라는 지진 안전지대인가? • 지진파는 어떻게 땅속을 지나갈 수 있는 것인가? • 현재의 지진계는 어디까지 측정 가능하나? • 지진계나 동물들의 움직임

★ Multiple Menu Unit Plan Template ★

◆ 단원명: 2. 지진; 지진학에서의 연구 (Section 1. Location, Definition, Organization)　　6학년 1학기

교수목적과 활동

- **동화와 분석**
  - 학생들은 지진과 관련된 영화와 신문기사를 보고 지진의 정의 및 지진 현상으로 인한 피해를 이해할 것이다.
  - 또한, 이렇게 이해한 내용을 인덱스 카드와 메이킹북을 통해 정리한다.
- **정보 분석**
  - 화산이 일어나는 지역에 관한 기사를 보고 이를 세계지도에 나타낼 수 있다.
- **정보 합성 및 적용**
  - 지진에 대한 종합적인 이해를 바탕으로 '지진이 일어났다면' 이라는 가상 상황 역할극을 수행할 것이다.
- **평가**

교수책략

- 강연
- 토론
- 역할극

교수 산출물

구체적인 산출물
- 역할극
- 글쓰기
- 발표

추상적인 산출물
- 인지 발달
- 정의적 태도

예술적 수정

- 『지진 한가운데 선 사람들』의 책에 나온 실제 이야기를 들려준다.

레슨을 소개하는 게시판

다음 활동은 학생들의 지진학에 대한 관심과 흥미를 유발하고 지식 나무에 관한 기본적인 정보를 제공하고, 학생들이 지진학에 대해 얼마나 알고 있는지를 확인하기 위한 과정으로 이루어져 있다.

1. 재량시간과 연계하여 최근 DVD로 출시된 영화 「일본 침몰」을 시청한다. 이 때, 교사가 준비한 학습지를 제공한다. 학습지의 내용은 정확하게 이해하기 어려운 단어나 말을 적도록 하고, 영화 속에서 보았던 지진이 일어났을 때의 여러 가지 현상을 기억나는 대로 적어보도록 한다. 또한, 영화 내용 중 궁금하거나 의문 나는 점들을 써 보도록 한다.
2. 영화를 다 보고 난 뒤, 학습지에 적힌 내용을 발표하게 한 뒤, 그 내용을 지식 나무와 연관 지어 토론해 보도록 한다. 지진이 일어나면 우리에겐 어떤 피해가 일어날까? 지진이 발생하면 건물은 다 무너져야만 하는 걸까? 지진을 예상할 수 있는 원리나 방법은 없을까?

학생 연구문제

- 지진학이란 무엇인가?
- 지진이 인간에게 끼치는 영향에는 어떤 것들이 있는가?
- 지진으로 인한 피해는 어떤 한 것들이 있는가?
- 최근 큰 지진이 발생한 다른 나라의 지역과 우리나라에서 발생한 비교적 큰 지진은 어디에서 일어났는가?

평가

- 역할극
- 영화 학습지
- 학습 카드
- 메이킹 북

참고자료/지역사회자원

- 세계지도와 최근 발생한 지진에 관한 신문 자료 및 사진 자료

참고자료/지역사회자원 (계속)

- 지진에 관한 영화 「일본 침몰」과 최근 일어난 동남아시아 해일에 관련된 신문 자료 및 동영상자료
- 실제 구호 활동에 참여했던 연예인들의 느낀 점을 인터뷰한 동영상자료

레슨을 소개하는 게시판 (계속)

3. 지진학의 학문적 연계를 깨닫도록 하기 위해 지진의 직접적인 1차 피해 뿐 아니라 2차적 피해인 전염병 문제나 고아와 난민들의 문제 등을 느낄 수 있도록 최근에 읽은 『지진, 한가운데 선 사람들』이란 책의 내용 중 제 5장 이상한 8월과 제 6장 고아들 부분을 읽어준다.

   이 때, 관련 사진을 보여주어 지진학이 다른 학문과의 연계성을 깨닫게 해주려고 한다. 그리고 나서 최근 동남아시아에서 있었던 해일, 일본에서 발생한 지진을 실제 겪은 사람들의 사진을 보여준 뒤, 실제 그곳에 가서 직접 도움을 주고 온 연예인들의 인터뷰가 담긴 동영상을 보여준다. 지진 피해 이후의 구호활동을 통해 사회학과의 연결성과 지진 현장의 부서진 건물과 그렇지 않은 건물들을 통해 건축학과의 연결성도 알게 됨으로써 지진학은 단지 지진에 관한 연구가 아닌 물리학, 사회학, 인류학 등 많은 학문과 연관되어 있음을 자연스럽게 알 수 있을 것이다.

4. 최근 일본에서 일어난 지진에 대한 신문 기사를 보여주고, 모르는 단어에 표시를 한 뒤 무슨 뜻일지 생각해 보게 한 뒤, 과학자들은 어떻게 지진의 세기를 나타내는지 진도와 규모에 관한 또 다른 신문기사와 관련 서적을 복사해서 나누어 준다. 그리고 나서 아까 몰랐던 내용을 학습 카드의 앞 쪽에 쓰고, 뒷 쪽에는 설명을 쓰도록 하여 학습 개념 카드를 만들게 한다.

5. 그 다음에는 최근 지진이 일어났다는 기록이 있는 지역의 신문 기사를 모아서 주고, 각각의 지역과 발생시기를 지도에 색상 펜으로 표시해 보게 한다. 이를 통해 지진은 과거에만 일어나는 일이 아니고, 현재에도 지속적으로 발생하고 있으며 특별히 몇 몇 지역에서 빈번하게 발생함을 깨달을 수 있게 한다.

6. 지금까지의 활동을 통해 지진이란 무엇이고 지진으로 인해 어떤 피해가 있을 수 있는지 보여줄 수 있는 "만약, 지금 지진이 일어났다면..."이란 가상 상황극을 두레별로 연출하게 하여 역할극을 해 보도록 한다.

7. 학생들은 지금까지의 활동을 통해 배운 것을 메이킹 북으로 나타내도록 하고 이를 통해 교사는 학생들이 지진과 관련된 각종 개념과 다른 학문과의 관계성을 얼마만큼 이해하고 있는지 파악해볼 수 있는 자료로 이용한다.

★ Multiple Menu Unit Plan Template ★

◆ 단원명: 2. 지진; 지진학에서의 연구 (Section 2. Basic Principles and Functional Concepts 6학년 1학기

<table>
<tr>
<td rowspan="2">

교수목적과 활동

• **동화와 기억**
• 지진으로 인한 피해와 구호활동을 위해 필요한 자원이나 태도를 알 수 있다.

• **정보 분석**
• 신문 기사 및 참고 도서를 통해 지진계의 원리와 지진이 일어남을 암시하는 것들을 알 수 있다.

• **정보 합성 및 적용**
• 내진 설계의 원리를 이해하고 내가 살 집을 설계할 수 있다.
• 지진 발생시 대처 방안을 중심으로 역할극을 꾸밀 수 있다.

• **평가**

</td>
<td>

교수책략

• 강연
• 토론
• 역할극
• 조사
• 스토리 텔링

</td>
<td>

교수 산출물

구체적인 산출물
• 예술적
• 발표
• 모델
• 글

추상적인 산출물
• 인지 발달
• 정의적

</td>
<td>

예술적 수정

• 고등학교 때 고향 수해현장에서 구호활동을 하면서 전염병이 발생했을 때, 당황스러웠던 순간에 대한 이야기를 들려준다.

</td>
</tr>
<tr>
<td colspan="2">

레슨을 소개하는 게시판

다음 활동은 학생들이 중요 원리와 개념을 익히는데 도움을 주기 위한 활동이며, 제시된 활동 속에서 학생들은 이렇게 익힌 개념 및 이해정도를 보여줄 수 있을 것이다.

1. 내가 고등학교 때, 외할아버지가 사시던 마을이 물에 잠긴 적이 있었다. 그 때, 우리 가족 뿐 아니라 많은 사람들이 구호활동을 한 적이 있다. 어린 나이였기에 난 허드렛일 위주로 했었는데, 보급된 라면을 먹고 설사와 고열에 힘들어하던 어린 초등학생 아이를 마주하고 아무것도 해주지 못하고 오히려 더럽다고 생각했던 나에 대한 이야기를 들려준다. 비록, 수해현장과 지진 현장이 다르긴 하지만 지진으로 인한 피해가 비단 건물 붕괴뿐만 아니라 우리 사회 전반에 미치는 영향이 무엇일지 모둠별로 생각할 수 있는 시간을 준다: “지진 발생시 우리에게 필요한 자원이나 그들을 대하는 우리의 태도는 어떠해야할까?” 물질적으로 필요한 것들과 윤리적으로 요구되는 자세 등을 구분해서 정리할 수 있도록 한다.

</td>
<td>

학생 연구문제

• 지진이 발생했을 때 구호 활동을 위해 우리에게 필요한 자원이나 태도는 어떤 것들이 있는가?
• 지진으로 인한 피해를 최소화할 수 있는 방법에는 무엇이 있는가?

평가

• 역할극
• 학습일지
• 산출물-건축물 설계스케치

참고자료/지역사회자원

• 지진을 예보함을 의미하는 중국 벽화
• 진도와 규모를 잘못 적용한 신문 기사 사례

</td>
</tr>
</table>

학생 연구문제

- 지진으로 인한 피해를 최소화할 수 있는 방법에는 무엇이 있는가?
- 과학자들이 지진을 예측하기 위해 필요한 정보는 무엇인가?
- 과학자들은 지진을 어떻게 예측하는 것인가? 지진계의 원리는 무엇인가?
- 동물들이 지진을 예측할 수 있는가?

참고자료/지역사회자원

- 일본의 내진설계가 발달한 건축구조물 사진
- 지진은 왜 일어나는가? written by 매티스 래비-건축학적 입장에서 쓴 책
- 지진이 우르쾅쾅 written by 애니타 개너리
- 우리가 모르는 동물들의 신비한 능력 written by 칼 슈커
- 최초의 지진계 사진과 최근 동해에 설치된 해저지진계에 관한 신문 자료

레슨을 소개하는 게시판

2. 학생들은 지진이 발생한 후의 대처법도 중요하지만, 미리 예방할 수 있음도 중요하다는 것을 토론을 통해 깨닫게 한다. 이 때 아이들에게 토론 카드를 제시하고 그 뒤에 토론의 결과를 적도록 한다. 토론카드의 내용은 다음과 같다: "지진으로 인한 피해를 최소화할 수 있는 방법에는 무엇이 있을까?" 이 때, 어느 정도 토론의 범위를 정해주기 위해, 다른 카드에는 건축학적 입장, 대비해서 준비할 물건, 내가 있는 장소가___라면?; 건물 안, 번화가, 백화점, 극장, 운동장, 엘리베이터 안, 지하철, 등산이나 여행 중과 같이 내용을 적어주어 토의를 해보도록 하고, 관련도서를 미리 알려주어 토론에 도움이 되도록 한다.

3. 동물들이 지진을 예보함을 의미하는 중국 벽화를 보여준 뒤 이것이 의미하는 것이 무엇인지를 예상해보게 한다. 그리고 난 뒤 과학자들은 어떻게 지진을 예측하는 지 최근 동해에 설치한 해저지진계에 대한 신문 기사와 최초의 지진계 사진을 보여주고 용수철에 무거운 추를 매달고 용수철 끝부분을 잡고 빠르게 위아래로 움직이는 모의실험을 보여주고 난 뒤, 지진계가 어떻게 측정을 할 수 있을지 토론해 보도록 한다. 그리고 난 뒤 지진계 조작 체험을 할 수 있는 인터넷 사이트에 접속해서 지진계의 원리에 대해 좀 더 탐구해보도록 한다. 지진계에 대해 알아보면서 진도와 규모라는 지진의 정도를 나타내는 말에 대해 학습할 수 있도록, 진도와 규모를 잘못 설명한 신문 사례와 올바르게 표현한 사례를 복사해서 주고, 그 차이점을 토의해보도록 한 뒤, 관련서적을 안내해주어 어떤 것이 옳은지 찾아내게 한다.

5. 지금까지 배운 내용을 적용해보도록 하기 위해, 지진 발생시 대처방안을 중심으로 한 역할극을 해 보도록 하고, 지진계의 원리를 이용한 간이 지진계를 어떻게 만들 수 있을지 스케치를 해본다. 또한, 내진설계를 적용한 자신의 집을 설계해 보도록 한 뒤 작은 전시회를 마련한다. 그리고 진도와 규모를 올바르게 사용하여 가상 지진 발생 상황을 아나운서가 되어 역할극을 해 본다.

★ Multiple Menu Unit Plan Template ★

◆ 단원명: 2. 지진; 지진학에서의 연구 (Section 3. Knowledge About Methodology) 6학년 1학기

교수목적과 활동

- **동화와 기억**
  - 지층과 단층의 모의실험을 통해 실제 자연 현상과 모의실험의 공통점 및 차이점을 알 수 있다.
- **정보 분석**
  - 교사의 이야기를 통해 땅의 흔들림을 측정할 수 있는 지진계를 어떻게 만들지 생각해본다.
- **정보 합성 및 적용**
  - 실제로 땅의 움직임을 측정해본다.
- **평가**

교수책략

- 모의실험
- 조사 연구

교수 산출물

구체적인 산출물
- 예술적
- 발표
- 모델
- 글
- 리더십

추상적인 산출물
- 인지 발달
- 정의적

예술적 수정

- 지하철을 타기 전에 느껴지는 땅의 진동, 공사장 근처에서 느껴지는 땅의 진동을 실제로 느꼈던 적을 이야기 해 준다.

레슨을 소개하는 게시판

다음은 학생들이 직접 습곡과 단층 모의실험을 통해서 지구 내부의 힘으로 인해 단층, 습곡이 형성되는 원리를 깨닫게 하는 활동이다. 그리고 난 뒤, 직접 지진계를 만들고, 이를 지하철 역 근처로 가서 직접 땅의 흔들림을 측정해보는 활동이다. 그 정도가 매우 미약하겠지만, 근처에 땅의 움직임을 느낄 수 있는 환경을 찾는 게 쉽지 않아서 이런 활동으로 대신하였다.

1. 이번 활동을 소개하기 전에 우선 스티로폼 판자에 양쪽에서 같은 힘을 작용하여 부러뜨리는 장면과, 지하철이 들어 올 때면 느껴지는 땅의 진동에 대해 생각해 보게 한다.
2. 스티로폼과 고무찰흙을 이용해서 단층 및 습곡 실험을 해보도록 한뒤, 실제 지층에서의 현상과 공통점, 차이점이 무엇일지 토의해보도록 하고 모의실험에서의 스티로폼, 고무찰흙, 주어진 힘이 실제 지층에서는 무엇이 될지 생각해보도록 한다.
3. 모의실험 시 손에 느껴지는 충격, 지하철이 들어올 때 땅의 흔들림을 측정할 수 있는 간이 지진계를 지진 시간에 배운 원리를 이용해서 만들어 보도록 한다.

학생 연구문제

- 습곡과 단층은 어떻게 형성되는가?
- 지진계를 만들기 위해서는 어떤 계획이 필요한가?
- 실제 지진을 측정할 때 유의해야할 것으로 무엇이 있는가?

평가

- 산출물-간이 지진계
- 학습일지

참고자료/지역사회자원

- 지진계에 관한 다양한 도서들
- 단층 및 습곡 사진 및 관련 도서들

레슨을 소개하는 게시판

4. 지진계를 만들 때는 지각의 흔들림이 수직, 수평으로 있음을 생각하고 수직 지진계, 수평 지진계 두 가지를 만들게 한다.

5. 인근 지하철 역으로 가서 지하철이 들어올 때의 땅의 흔들림 정도를 실제로 측정해 보도록 한다. 또한, 지하철 역 이외의 땅의 흔들림을 측정할 수 있는 다른 장소가 있나 토의해보게 한 뒤, 마땅한 장소가 있다면 그 곳으로 가서 측정해보도록 한다.

★ Multiple Menu Unit Plan Template ★

◆ 단원명: 2. 지진; 지진학에서의 연구 (Section4. Representative Topics)　　6학년 1학기

교수목적과 활동

- **동화와 기억**
  - 우리나라가 지진 안전국인가에 대한 각종 책자와 인터넷 자료를 모아서 읽는다.
- **정보 분석**
  - 신문 기사 및 각종 통계자료를 분석하여 우리나라가 지진 안전국인가의 여부에 대해 파악한다.
- **정보 합성 및 적용**
  - 정보 분석을 통해 알게 된 자료를 홍보책자 및 ppt로 만들어 보도록 한다.
- **평가**
  - 각종 자료를 통해 우리나라가 지진 안전국인가에 대해 판단하고 이에 대한 우리의 대처 상황이 올바른지에 대해 평가한다.

교수책략

- 강연
- 토론
- 역할극
- 조사
- 스토리 텔링

교수 산출물

구체적인 산출물
- 예술적
- 발표
- 모델
- 글

추상적인 산출물
- 인지 발달
- 정의적

예술적 수정

- 제주도와 부산 해운대 일대 지진을 느낀 주민들의 인터뷰 내용

레슨을 소개하는 게시판

다음의 활동은 학생들이 이전 활동으로 얻은 지식과 기술을 프로젝트 활동이나 조사활동으로 전이시킬 수 있도록 고안하였다.

1. 학생들 전체에게 "우리나라는 지진 안전지대인가?"라는 주제의 세미나를 개최한다고 설명하고, 지금까지 배운 지식을 바탕으로 하여 이에 관련된 자료를 수집하게 하고, 관련 자료를 모아서 ppt와 발표 유인물 가능하다면 가상 모의실험까지도 준비할 수 있게 소그룹으로 나눈다.
2. 대상이 동학년 다른 반 친구들이라고 생각하여 세미나를 준비하게 하고 세미나의 형식을 갖추어 홍보 책자 및 안내 포스터도 만들도록 한다.
3. 이러한 조사를 통해 앞서 배웠던 지진대에 대한 이해 및 지진 연구가 최근 중국, 일본, 한국, 몽골이 함께 이뤄지는 이유까지도 알 수 있을 것이다.
4. 또한, 조사를 하면서 우리나라의 지진에 대한 대비 실정 또한 연구하게 함으로서 실질적으로 필요한 것이 무엇인지 제안할 수 있도록 한다.

학생 연구문제

- 최근 우리나라에서 발생한 지진의 규모와 빈도는?
- 우리나라는 지진에 대해 얼마만큼 대비하고 있는가?
- 미래에 우리나라에는 지진이 예측되고 있는가?

평가

- 학습일지
- 산출물

참고자료/지역사회자원

- 최근 발생한 제주도 및 부산 인근의 지진에 관한 신문 기사
- 우리나라의 지진에 대비하고 있는 실정에 관한 자료

참고문헌

Ausubel, D. P. (1968). *Educational psychology: A cognitive view.* New York: Holt, Rinehart and Winston.

Ausubel, D. P., Novak, J. D., & Hanesian, H. (1978). *Educational psychology: A cognitive view* (2nd ed.). New York: Holt, Rinehart, and Winston.

Bandura, A. (1977). Self-efficacy: Toward a unifying theory of behavioral change. *Psychological Review, 84*, 191-215.

Bloom, B. S . (Ed.). (1954). *Taxonomy of educational objectives. Handbook I: Cognitive domain.* New York: Longman.

Brandwein, P. (1987). On avenues to kindling wide interests in elementary school: Knowledges and values. *Roeper Review, 10* (1), 32-40.

Bruner, J. S. (1960). *The process of education.* Cambridge, MA: Harvard University Press.

Bruner, J. S. (1966). *Toward a theory of instruction.* Cambridge, MA: Harvard University Press.

Dewey, J. (1916). *Democracy and education: An introduction to the philosophy of education.* New York: The Free Press.

Follett, K. (1995). *A place called freedom.* New York: Crown Publishers.

Gagné, R. M., & Briggs, L. J. (1979). *Principles of instructional design* (2nd ed.). New York: Holt, Rinehart and Winston.

Glickman, C. (1991). Pretending not to know what we know. *Educational Leadership, 48*(8), 4-10.

Goodlad, J. I. (1984). *A place called school: Prospects for the future.* New York: McGraw-Hill.

Hume, I. N. (1996). *In search of this and that: Tales from an archaeologist's quest.* Williamsburg: VA: The Colonial Williamsburg Foundation.

James, W. (1885). On the functions of cognition. *Mind, 10*, 27-44.

Kaplan, S. N. (1986). The grid: A model to construct differentiated curriculum for the gifted. In J. S. Renzulli (Ed.). *Systems and models for developing programs for the gifted and talented.* Mansfield Center, CT: Creative

Learning Press.

National Council for the Social Studies. (1994). *Expectations of Excellence: Curriculum Standards for Social Studies.* Waldorf, Maryland: NCSS Publications.

Nickerson, R. S. (1981). Thoughts about teaching thinking. *Educational Leadership, 39*(1), 21-24.

Nixon, H. L. (1976). *Sport and social organization.* Indianapolis: Bobbs Merrill Co.

Passow, A. H. (1982). *Differentiated curricula for the gifted/talented.* Venture, CA: Leadership Training Institute on the Gifted and Talented.

Phenix, P. H. (1964). *Realms of meaning.* New York: McGraw-Hill.

Phenix, P. H. (1987). *View on the use, misuse, and abuse of instructional materials.* Paper presented at the Annual Meeting of the Leadership Training Institute on the Gifted and Talented, Houston, TX.

Renzulli, J. S. (1977). *The enrichment triad model: A guide for developing defensible programs for the gifted.* Mansfield Center, CT: Creative Learning Press.

Renzulli, J. S. (1982). What makes a problem real? Stalking the illusive meaning of qualitative differences in gifted education. *Gifted Child Quarterly, 26* (4), 49-59.

Scholastic, Inc. (1996). *Meet the mentor video, Dr. Ruben Mendoza, Archaeologist: Managing information series.* New York: Scholastic, Inc.

Tomlinson, C. A. (1999). *The differentiated classroom: Responding to the needs of all learners.* Alexandria, VA: Association for Supervision and Curriculum Development.

Ward, V. S. (1960). Systematic intensification and extensification of the school curriculum. *Exceptional Children, 28,* 67-71, 77.

Ward, V. S. (1961). *Educating the gifted: An axiomatic approach.* Columbus: Merrill.

Whitehead, A. N. (1929). The rhythm of education. In A. N. Whitehead (Ed.). *The aims of education.* New York: MacMillan.

◘ 역자 소개

이미순 (uconnmisoon@gmail.com)
University of Connecticut 교육심리(철학박사, 영재교육 전공)

♣ 저 · 역서 및 논문

교육과정 압축: 우수학생을 위한 정규교육과정 수정지침(2007)
심화집단: 실제세계, 학생-주도적인 학습을 위한 실제적인 지침(2007)
영재아 행동특성 평정척도(2007)
재능개발을 위한 학교: 학교의 전반적인 개선을 위한 실제적인 계획(2007)
종합재능기록표: 영재아 판별과 교육을 위한 체계적인 계획(2007)
학습스타일 검사도구, 3판: 학생이 선호하는 교수방법 측정도구(2007)
흥미도구들: 교사용 지침(2007)
소외 영재 지도교사의 성공적인 지능 교수효능감(2006)
조기진급 및 조기졸업 유무에 따른 학업 동기와 자기조절적인 학습능력(2006)
Effects of Cultural Orientation on Psychosocial Adaptation of Korean Americans(2007) 외

다중메뉴모델: 차별화된 교육과정 개발을 위한 실제적인 지침

The Multiple Menu Model:
A Practical Guide For Developing Differentiated Curriculum

인 쇄 일	2007년 6월 15일 초판 인쇄
발 행 일	2007년 6월 20일 초판 발행
저 자	Joseph S. Renzulli · Jann H. Leppien · Thomas S. Hays 지음
역 자	이미순 옮김
발 행 인	구본하
발 행 처	도서출판 박학사
주 소	서울시 마포구 서교동 476-53 세화회관
전 화	(02)3142-3765
팩 스	(02)3142-3766
E-mail	pakhaksa@kornet.net
웹사이트	www.pakhaksa.co.kr
등록번호	제10-2230호

정가 8,000원 ISBN 978-89-91633-36-0